OCAM
Pionnière de l'intégration africaine

Illustration de couverture :

Le RÔNIER

Borassus aethiopum

Description :

Très beau palmier de la zone sahélienne dont le nom scientifique serait *borassus aethiopium*, tout est apprécié et utilisé dans cet arbre : le bois, les palmes et les noix, ce qui contribue malheureusement à sa raréfaction.

Le palmier peut atteindre 30 mètres de haut. Il apporte de nombreuses utilités aux villageois grâce à ses racines, son tronc, ses fruits et ses feuilles.

Son nom sérère est le « khoul », « koni » en ouolof.

Ses feuilles sont larges et peu nombreuses, situées à son sommet. Ses fruits s'appellent « konis », et se présentent sous forme de régimes : 15 à 20 régimes par arbre.

Propriétés :

Le rônier est utilisé dans plusieurs domaines :

– son bois comme combustible pour la cuisson des aliments,

– ses fibres pour tresser la vannerie, spécialité artisanale de la région (elles servent aussi à fabriquer des balais et des palissades),

– ses feuilles recouvrent le toit des cases et des vérandas,

– son tronc débité en poutres est utilisé dans les constructions,

– le vin de palme est aussi un produit du rônier. C'est la boisson locale la plus prisée.

– ses racines sont curatives pour certaines maladies. Le rônier a un rôle économique dans l'Afrique sahélienne, toutes les parties sont utilisées. Son stipe pour la construction (poutres, lattes) les racines, les feuillets et les pétioles fournissent des fibres végétales, matière première abondante et pour la fabrication de nasse, nattes, balais et meubles.

Le fruit vert est comestible et contient un jus sucré. Du fruit mûr, on extrait un jus visqueux de couleur jaune très sucré, utilisé dans la fabrication d'une bouillie à base de mil ou dans celles des galettes de mil, la noix du fruit mur contient des graines elles aussi comestibles.

FALILOU KANE

OCAM
Pionnière de l'intégration africaine

Préface de Moustapha NIASSE
Président de l'Assemblée nationale du Sénégal

L'Harmattan Sénégal

10 VDN, Sicap Amitié 3, Lotissement Cité Police, DAKAR

http://www.harmattansenegal.com
senharmattan@gmail.com
senlibrairie@gmail.com

ISBN : 978-2-343-11140-7
EAN : 9782343111407

SIGLES ET ABRÉVIATIONS

ACCT :	Agence de Coopération culturelle et technique
ACDI :	Agence canadienne pour le Développement international
ACP :	Afrique Caraïbes Pacifique
AEF :	Afrique Équatoriale française
AELE :	Association économique de libre échange
AFABA :	Association des fédérations africaines de basket amateur
AGECOP :	Agence de Coopération culturelle et technique
AFP :	Alliance des Forces du Progrès
AGOA :	*African Growth Opportunity Act*
ANAD :	Accord de non-agression et d'assistance en matière de défense
AID :	Association internationale de développement (entre les États de la CEAO et le Togo)
AOF :	Afrique Occidentale française
ASEAN :	*Association of South East Asian Nations*
BAD :	Banque Africaine de Développement
BADEA :	Banque arabe pour le Développement économique en Afrique
BCEAC :	Banque centrale des États de l'Afrique Centrale
BCEAO :	Banque centrale des États de l'Afrique de l'Ouest

BID :	Banque islamique de Développement
BIT :	Bureau internationale du travail
BM :	Banque mondiale
CAMES :	Conseil africain et malgache de l'enseignement supérieur
CDE :	Centre pour le Développement des entreprises
CE :	Commission économique pour l'Afrique
CEAO :	Communauté économique de l'Afrique de l'Ouest
CECA :	Communauté économique centre africaine
CEDEAO :	Communauté économique des États de l'Afrique de l'Ouest
CEE :	Communauté économique européenne
CESTI :	Centre d'études sur les Sciences et Techniques de l'Information
CEN-SAD :	Communauté des États sahélo-sahariens
CIJ :	Cour Internationale de Justice
CFAO :	Compagnie française de l'Afrique de l'Ouest
CILSS :	Comité inter État de lutte contre la sécheresse au Sahel
CIO :	Comité international olympique
CRDI :	Centre de recherche pour le Développement international
CSE :	Compagnie sahélienne d'entreprise
CTA :	Centre de Technique agricole
DUC :	Dakar Université Club
EAMA :	États africains et malgache associés

EISM : École Inter états des Sciences et de médecine vétérinaires

FAD : Fonds africain pour le Développement

FEANF : Fédération des Etudiants de l'Afrique noire française

FAO : Organisation des Nations Unies pour l'Alimentation et l'Agriculture

FED : Fonds européen de développement

FIBA : Fédération internationale de basket amateur

FMI : Fonds monétaire international

HCR : Haut-Commissariat des N.U. pour les réfugiés

ISESCO : Organisation islamique pour l'Éducation et la Culture de l'OCI

IAAF : International Amateur Athletics Federation

NBA : National Basketball Association

IATA : Association Internationale des Transports Aériens

IRA : Institut Africain de la Renaissance

OCAM : Organisation commune africaine et malgache

OCI : Organisation de la Conférence islamique

OIF : Organisation internationale de la Francophonie

ODC : *Overseas Development Corporation*

OIM : Organisation internationale pour les Migrations

OMC : Organisation mondiale du Commerce

OMS : Organisation mondiale de la santé

OMVG : Organisation de mise en valeur du fleuve Gambie

OMVS : Organisation de mise en valeur du fleuve Sénégal

ONUDI : Organisation des N.U. pour le Développement industriel

ONG : Organisation non gouvernementale

ONU : Organisation des Nations Unies

OTAN : Organisation du traité de l'Atlantique nord

OUA : Organisation de l'Unité africaine

PDS : Parti Démocratique Sénégalais

PNUD : Programme des Nations Unies pour le Développement

PS : Parti Socialiste

RADDHO : Rencontre africaine pour les Droits de l'Homme

SEE : Société pour l'Expansion des Exportations

SEIB : Société électrique et industrielle du Baol

SONACOS : Société nationale de commercialisation des oléagineux du Sénégal

STABEX : Système de Stabilisation des exportations

SYSMIN : Système de Stabilisation des mines

UAM : Union africaine et malgache

UA : Union africaine

UDEAC : Union douanière et économique de l'Afrique Centrale

UDEAO : Union douanière et économique de l'Afrique de l'Ouest

UEMOA : Union économique et monétaire ouest-africaine

UE : Union européenne

UGEAO : Union générale des Étudiants d'Afrique occidentale

UNESCO : Organisation des N.U. pour l'éducation, la science et la culture

UNICEF : Fonds des N.U. pour l'enfance

UNITAR : Institut des Nations Unies pour la formation et la recherche

UNRWA : Office de secours et de travaux des Nations-Unies pour les réfugiés de Palestine dans le Proche Orient

UNSO : Organisation des Nations Unies pour le Sahel

UTA : Union des Transports aéronautiques

USAID : Agence américaine pour le développement international

Remerciements

À mes parents, Moustapha et Yacine NIANG qui m'ont donné le goût de l'effort et de l'endurance dans la recherche de résultats, dans tout ce qu'on entreprend dans la vie sur terre, tout en se remettant à la volonté divine.

Moustapha mon père décédé en 1951 alors que j'étais élève de cinquième secondaire au Collège Blanchot de Saint-Louis ;

Yacine NIANG rappelée à Dieu en 1973 alors que j'étais à Paris, pour négocier avec le Président BOKASSA auprès des autorités françaises, le financement des villas de l'OCAM à Bangui, où devait se tenir le Sommet de L'Organisation en 1974.

Mon épouse Rabia qui a été, à mes côtés, d'un conseil avisé et désintéressé, supportant sans broncher mes absences longues et répétées de notre foyer.

Tous mes enfants qui m'ont accompagné ou sont nés pendant mon nomadisme diplomatique.

Momar Talla KANE, qui, encore, après « Vue d'Aigle sur la Diplomatie sénégalaise de 1960 à nos jours » a eu le fardeau de transcrire sans broncher, mes brouillons disparates pour en faire un texte qui pouvait être présenté à l'Édition.

À tous mes maîtres, des mains et des paroles de qui j'ai reçu ce qui m'a permis de réussir mon parcours de l'École publique du primaire à l'Université, sans quitter mon pays.

À mes frères, sœurs, oncles, tantes et cousins.

Sans oublier mes correspondants, alors que j'étais à l'internat à Blanchot, à Saint-Louis, au Lycée Van Vollenhoven et à l'Université de Dakar, ainsi qu'à leurs familles.

Au président Léopold Sédar Senghor, Président du Sénégal, à son ministre des Affaires étrangères Doudou Thiam, à l'Ambassadeur Ousmane Socé Diop qui m'ont fait confiance et qui m'ont inculqué le sens des responsabilités tout au début de ma carrière de jeune diplomate. Malgré mes erreurs inévitables de jeunesse à l'âge que j'avais à l'époque, tous m'ont pardonné, couvé, conseillé et accompagné comme le fait dans la bonne tradition africaine un oncle envers son neveu.

Enfin à tous ceux qui à des degrés divers, m'ont apporté soutien et conseils pendant que j'étais à la tête de l'OCAM. Et ils sont légion.

PRÉFACE

Au début de la première décennie de l'accession à l'indépendance de la plupart des pays francophones d'Afrique, les Chefs d'État ont conçu et mis en œuvre une série d'initiatives à la fois hardies et fécondes dans le but de jeter les bases de l'intégration progressive de leurs politiques publiques, en matière de développement et de leurs options fondamentales, dans le domaine de la mise en synergie des droits humains et des Institutions républicaines qui avaient pour vocation d'aider à la construction d'entités viables, durables et productrices de paix, d'unité et de progrès. Le contexte n'était pas simple, bien au contraire.

Nous étions au début des années 60.

Dans la même foulée, ces pères-fondateurs ont eu à asseoir une coopération concertée pour assurer les bases de la sécurité des États nouveaux, sécurité sans laquelle toute ambition était vaine par rapport à la consolidation de ces nouvelles et fragiles entités étatiques.

Et rien n'était évident, tant les défis qui les interpellaient étaient chargés d'incertitudes et d'interrogations sans réponses.

C'est dans ce cadre que l'Organisation Commune Africaine et Malgache (OCAM) fut créée et installée à Yaoundé, au Cameroun. Auparavant, avait vu le jour l'UAM (Union Africaine et Malgache).

Le second Secrétaire Général de l'OCAM fut désigné à l'unanimité par les Chefs d'État, en la personne d'un jeune diplomate sénégalais qui possédait déjà un profil prometteur, M. Falilou KANE.

L'homme avait déjà fait ses preuves auprès de Maître Doudou THIAM, premier ministre des Affaires étrangères du Sénégal. Puis, M. Falilou KANE servit, encore jeune cadre, à l'Ambassade du Sénégal à Washington et, en même temps, au sein de la Mission du Sénégal à l'ONU à New York, postes qu'il dirigera par la suite, comme Ambassadeur. Ses qualités de diplomate furent, au demeurant, confirmées avec brio.

En effet, M. Falilou KANE, en 1974, quand il quitta l'OCAM, à sa propre demande, fut nommé à la tête de plusieurs Missions diplomatiques sénégalaises, comme Ottawa au Canada, à New York en tant que Représentant Permanent du Sénégal à l'ONU, puis à Tunis en Tunisie, à Washington aux États-Unis et enfin pendant de longues années à Bruxelles, comme Ambassadeur auprès du Royaume de Belgique et Représentant permanent auprès des Communautés européennes.

La lecture du présent ouvrage illustre bien une telle carrière.

Le Président Abdou DIOUF finit par nommer M. Falilou KANE au poste de ministre du Commerce, à l'occasion de la première alternance à la tête de l'État sénégalais.

C'était en l'an 1981.

En raison de cette riche expérience, M. Falilou KANE exerce, aujourd'hui, la charge de Conseiller spécial du Président de l'Assemblée nationale, sur les questions relevant de la diplomatie parlementaire.

Il écrit aussi, relatant, avec générosité, les étapes de cette belle carrière.

Le présent ouvrage est le second du genre.

Il faut dire, avec fierté, que le récit pétillant dont il est l'auteur et que j'ai le privilège de préfacer, est une synthèse de première qualité qui est aussi, en même temps, un mémorial de grande dimension. Ce mémorial, à l'image des récits épiques des historiens des temps premiers, est un panel scintillant de souvenirs précieux et de rappels vivants d'évènements liés aux étapes qui ont marqué, de manière indélébile, les débuts des actes fondateurs, des rencontres et des décisions politiques qui tirèrent leur fondement de cultures et de peuples qui, au contact du pouvoir, inspiraient des choix heureux et consensuels, dans la solidarité et en pleine conscience des enjeux en cause, des objectifs visés et des moyens, parfois surhumains, qu'il faut mobiliser, sans attendre et résolument.

L'Afrique, aujourd'hui, doit beaucoup à ces débuts glorieux de la série des combats de tout un continent, pour l'émancipation des peuples du continent. Ces combats se poursuivent encore aujourd'hui.

L'objectif était alors d'élaborer les plateformes solides d'un avenir cohérent, en évitant, autant qu'il était possible, pour les États naissants, les écueils et les obstacles de l'inexpérience, d'une part, et vaincre les ambiguïtés et la complexité, tout à la fois, des obscurances et des écueils de toute sorte qui jalonnent généralement l'émergence de nouvelles nations d'autre part.

C'était là un combat herculéen.

Le simple bon sens ne pouvait alors suffire.

Il y eut, aussi, quelque part la main de Dieu.

L'auteur, M. Falilou KANE, met en exergue, avec pertinence et une pédagogie active, ce sens historique que porte en elle-même l'œuvre que l'OCAM a accomplie. Il fut l'un des principaux acteurs, dans cette œuvre.

Sous ce regard, l'esprit qui animait l'OCAM et ses initiateurs, reconnus comme étant les pères-fondateurs d'une nouvelle Afrique, cet esprit-là était celui du risque calculé, à la lumière et à la faveur des responsabilités nouvelles auxquelles ces hommes venaient d'accéder, sur le long chemin de leur destin. Une forte dose de volonté à accompagner ce processus.

Il y a lieu de souligner qu'à ce carrefour des évènements de l'époque, destin, mystères et mystiques se rencontrèrent, inexorablement.

N'est-ce pas là que réside la profondeur des mystères du destin des communautés humaines ?

Et les défis relevés. Patiemment, sereinement, avec efficacité et foi dans le génie de l'homme, face à ses responsabilités.

Ce qui est remarquable par-dessus tout, c'est qu'il s'agissait, ni plus ni moins, d'une aventure à la fois humaine et historique.

L'aventure fut assumée.

Et le cap fut franchi, et le combat s'engagea vers de nouvelles étapes.

C'est qu'à l'orée du processus qui s'engageait ainsi, les Africains - tous les Africains - furent mis devant la nécessité de prendre leur destin en main, avec lucidité et courage, volontarisme et détermination.

Leur mérite fut qu'ils répondirent à l'appel et s'organisèrent en conséquence. Il fallait faire le témoignage. M. l'Ambassadeur Falilou KANE l'a fait. C'était utile. C'était essentiel.

C'est pour ces raisons que l'OCAM, qui venait de remplacer l'UAM (Union Africaine et Malgache), fut à l'origine de plusieurs Accords, accords signés, en toute confiance, avec la France, l'ancienne puissance tutélaire, et qui couvraient les domaines de la sécurité des nouveaux États, de leur développement dans les secteurs prioritaires de l'agriculture, de l'industrialisation, de l'extraction des ressources minières, de l'éducation et de la formation et dans celui des transports à l'intérieur comme à l'extérieur des territoires concernés et, aussi, dans le domaine des relations internationales avec des Organisations à vocation universelle comme l'ONU et avec les autres États du monde, sur les cinq continents. Des procédures de gestion et de traitement des dossiers de coopération entre Etats africains, furent créées, testées, évaluées, redéfinies, améliorées et, finalement mises au point pour servir de références pour l'avenir.

C'est dans ce contexte que l'OCAM a agi avec la volonté de ceux qui savent gagner, en avançant, les yeux ouverts, dans les allées exaltantes de l'effort soutenu au service d'ambitions nobles, conçues au service de tous.

Cette expérience poursuit son cours, aujourd'hui.

La BAD (Banque Africaine de Développement), la BADEA (Banque Arabe de Développement des Etats Africains) et tant d'autres instruments de mobilisation du développement en faveur de l'Afrique, sont nés des expériences premières comme celle de l'OCAM.

Participant à l'effort légitime des Africains pour resituer l'histoire du continent, sous son vrai visage, dans le contexte de l'évolution d'un monde en pleine mutation, c'est ce que vise l'ouvrage de M. l'Ambassadeur Falilou KANE qui retrace les étapes successives du long processus d'intégration africaine, par régions et par cercles concentriques, à partir des premières expériences, fort intéressantes qui peuvent être étudiées, présentement, sous divers angles, par des générations de chercheurs et d'étudiants africains ou étrangers.

Sous cet éclairage, dans ce panel de recherches, l'expérience qu'a été celle de l'OCAM, est et demeure, à plusieurs titres, à la fois singulière et d'une richesse particulière.

Il est juste de souligner que rien n'était évident, en ces temps où les derniers soubresauts d'une époque de la colonisation ont pu conduire à la disparition violente de Patrice LUMUMBA et au drame du renversement de Kwamé NKRUMAH du Ghana. Et de tant d'autres bouleversements qui suivirent et serviront encore de leçons pour chacun et pour tous.

Plusieurs fils de l'Afrique disparurent dans des conditions non encore élucidées. Ils furent et ils restent des héros qui se sont sacrifiés pour l'honneur et pour la liberté de l'Afrique.

Une des leçons à tirer et à retenir de ces combats glorieux, est que l'unité de l'Afrique est devenue une réalité, de même que la libération des dernières enclaves encore colonisées jusqu'au milieu des années 70.

Aujourd'hui, l'Afrique est une entité géographique et humaine. Ses ressources naturelles, qui sont immenses et variées, la formation de ses élites dans de nombreux domaines, l'expérience acquise par les peuples et leurs dirigeants, sont autant d'atouts qui permettent de considérer que l'espoir est permis.

L'Afrique est prise en compte, dans la conduite des affaires du monde, même s'il demeure encore de nombreux problèmes à résoudre. Nous restons prêts à continuer l'effort entrepris.

En résumé, il est juste d'espérer, dans cette préface, que les lecteurs qui pérégrineront, avec aisance, tout au long des évènements rappelés et analysés par l'auteur de cet ouvrage, découvriront combien les pères-fondateurs et les premiers dirigeants des Organisations régionales d'intégration et de coopération sont méritants. Les générations qui ont suivi, avec la même intensité et portant les mêmes convictions, continuent de se battre. La victoire est inéluctable, car elle est au rendez-vous de l'effort organisé, persévérant et opiniâtre.

C'est précisément parce que ces entités ont joué un rôle décisif de pionnières intrépides dans les progrès qui ont été engrangés, année après année, grâce aux sacrifices qui ont conduit, en définitive, non seulement à l'Union Africaine, mais aussi - et il faut le souligner - à la mise en place d'Organisations de type sous-

régional et régional, comme la CEDEAO (Communauté économique des États de l'Afrique de l'Ouest), l'UEMOA (Union économique et monétaire de l'Ouest Africain), la CEMAC (Communauté économique et monétaire de l'Afrique Centrale), la SADEC (South African Development and Economic Cooperation), l'IGAD, pour la Corne de l'Afrique et la COMESA, marché commun des pays d'Afrique Australe qui fait déjà des preuves tangibles de son efficacité et de sa viabilité.

À la lumière des performances réalisées par toutes ces organisations, l'on peut dire que l'OCAM, prenant la succession de l'UAM, a joué un rôle précurseur de première importance dans ce long processus de solidarités croisées et de politiques publiques concertées, pour accompagner l'évolution des nouveaux États africains.

L'enjeu principal était d'entreprendre les efforts tendant, non seulement à créer des Institutions viables et projetées dans un futur de défis, mais encore à mettre ensemble, dans des cadres rationnels et durables, les ressources naturelles et les capacités prodigieuses de s'épanouir, au service des peuples d'Afrique, et cela au terme de plusieurs siècles de colonisation et de luttes pour accéder à la souveraineté internationale.

Enfin, cet ouvrage est un message pour la jeunesse d'Afrique.

Et M. l'Ambassadeur Falilou KANE a eu le mérite de contribuer, par ce message, à éclairer les multiples facettes de ce que furent ces combats, avec les prodiges qui furent accomplis pour en porter le poids et en donner le sens humain et politique.

L'auteur donne aussi une idée qui invite à la réflexion et à l'analyse des tentatives et capacités immenses d'intégration et de créativité qui furent nécessaires pour, comme les vieux rameurs de la tragédie grecque, « ***aller vers le rivage en lui tournant le dos*** *». Ce fut fait. Et bien fait.*

L'une des nombreuses leçons qu'il convient de tirer de cet ouvrage, c'est que, aussi, cette œuvre donne l'exemple du devoir de témoigner et de la nécessité de transmettre aux générations d'aujourd'hui et à celles de demain, des données, des références et des informations dont la connaissance permet de puiser de nouvelles sources d'énergie dans les itinéraires parcourus par des leaders et des hommes d'État, des hauts fonctionnaires formés à l'École de la rigueur et de l'efficacité, par des penseurs et des concepteurs d'idées et de projets qui conduisent vers le progrès.

Ce faisant, les pères-fondateurs ont montré la voie et s'y sont engagés résolument, au nom et pour le compte de l'Afrique-mère, d'une Afrique qui aspire au progrès et qui administre, encore aujourd'hui, la preuve qu'elle est capable d'assumer ses responsabilités, à partir du génie créateur de l'homme, de sa foi en Dieu et de sa générosité naturelle.

Moustapha NIASSE

Président de l'Assemblée nationale du Sénégal

INTRODUCTION

J'ai quitté le poste de Secrétaire général de l'OCAM en fin 1974, lorsque j'ai obtenu, du Président Léopold Sédar SENGHOR, la permission de ne pas demander la reconduction de mon mandat, à la fin du terme prévu dans les textes constitutifs de l'Organisation. Son accord m'a été donné de retour du Sommet des Chefs d'État de l'OUA qui s'est tenu en 1974 à Mogadiscio, en Somalie, alors que son avion survolait l'Égypte, en route pour Paris, à presque 9000 à 10000 mètres d'altitude. Après m'avoir donné son accord, le Président SENGHOR a ajouté qu'il allait ouvrir deux Ambassades, au Canada et en Inde. Et il me laissa le choix de celle où je préférais être accrédité. Le Canada eut ma préférence. C'est séance tenante qu'il donna au Professeur Assane SECK, alors ministre des Affaires étrangères, des instructions pour qu'à son arrivée à Dakar, on lui prépare une lettre adressée au Premier ministre du Canada Monsieur Jacques Elliot TRUDEAU, pour lui signifier que le Sénégal allait ouvrir une représentation diplomatique à Ottawa capitale du Canada et qu'il me désignait comme son Ambassadeur au Canada.

Ainsi donc, sans transition, j'allais quitter Yaoundé où se trouvait le siège de l'OCAM (avant son transfert à Bangui, décidé au Sommet de l'OCAM dans cette ville en 1974), pour me retrouver à Ottawa au Canada.

Je suis arrivé au Secrétariat de l'OCAM le 1er avril 1968. C'est à Niamey au Niger, lors du Sommet tenu au Niger, en janvier 1968, que mon prédécesseur et frère Diakha DIENG avait décidé de ne pas demander un second mandat. Alors, le Président SENGHOR avait le feu vert et la confiance de ses pairs, de le faire remplacer par un autre jeune sénégalais. Doudou THIAM, son ministre des Affaires étrangères, lui avait alors proposé de trouver quelqu'un à leur retour à Dakar. Le jour même de leur retour au Sénégal, le Ministre Doudou THIAM m'a reçu dans son bureau pour me dire qu'il avait proposé au Président SENGHOR, qui a accepté, que je prenne le poste de Secrétaire général de l'OCAM. Grande a été ma surprise. En effet, à la demande de M. Doudou THIAM, je venais de quitter Washington (USA) où j'étais ministre conseiller à l'Ambassade à Washington et cumulativement à la Représentation du Sénégal à l'ONU à New York, pour aller occuper le poste de Secrétaire exécutif du Comité sénégambien à Banjul, poste qui venait d'être créé et qui revenait au Sénégal. Puisqu'après consultation, j'avais donné mon accord au Ministre Doudou THIAM, en quittant Washington, j'ai fait expédier mes bagages pour Banjul.

C'est par la suite que Doudou THIAM m'a proposé le poste de l'OCAM, car m'a-t-il dit, « lorsque je voulais trouver quelqu'un pour Banjul, tu as été le seul à accepter. Maintenant j'ai trouvé mieux pour toi et tu vas aller à l'OCAM ». C'est mon jeune frère et ami Seydina Oumar SY qui finalement va hériter de ce poste à Banjul, et lui aussi, à sa grande surprise, pour être le premier Secrétaire exécutif du Comité sénégambien.

Ainsi donc, grâce à Dieu, par la volonté du Chef de l'État du Sénégal, et sur proposition de son ministre des Affaires étrangères, j'ai atterri à Yaoundé pour occuper le poste de Secrétaire général de l'OCAM, fort de la confiance des Chefs d'États membres de l'Organisation. À la différence de ce qui se passe habituellement, il n'y a pas eu d'appel à candidatures pour le poste, ni de votes des États membres. Ce sont les Chefs d'État eux-mêmes qui ont accepté que le Président SENGHOR fasse remplacer son compatriote qui occupait le poste, par un autre. L'estime et la confiance que tous avaient pour le Président SENGHOR et son pays le Sénégal, méritent d'être soulignées. Tout cela, empreint de pragmatisme et d'élégance dans leur décision.

Avec ce viatique formidable, j'ai pris mes fonctions à trente ans, en me jurant dans ma conscience, puisqu'il n'existait pas de serment à faire à la prise de fonction, de déployer toute l'énergie dont je débordais alors, pour ne pas décevoir mes Chefs, mais au contraire d'amener l'OCAM à une nouvelle dimension dans tous les secteurs. Sept ans durant, de 1968 à 1974, je me suis attelé, corps et âme, à cette mission, à ce défi, je dirais plutôt.

Si aujourd'hui, j'éprouve le besoin et la nécessité même de retracer dans ces lignes une brève histoire de l'OCAM, c'est que j'ai constaté un vide béant qui doit être comblé. En retraçant l'histoire de l'unité et de l'intégration en Afrique, les chercheurs et les politicologues risquent de ne retrouver, et encore s'ils sont chanceux, que les archives de l'OCAM qui sont versées aux Archives nationales du Sénégal à l'époque où j'étais encore à Yaoundé. Sur un financement de l'UNESCO, j'avais fait venir au Cameroun un archiviste méticuleux Gamby NDIAYE du Sénégal pour une mise en ordre des archives héritées de l'UAM (Union africaine et malgache). Ce ne fut pas facile, mais cela a été fait. Donc l'OCAM et avant elle l'UAM, ont été les pionnières dans la recherche de l'Unité et l'intégration après les années de l'indépendance de la plupart de nos États. Disons depuis 1960, année durant laquelle, les ex-colonies françaises d'Afrique ont accédé à l'indépendance, entre janvier et décembre.

Si ce fil ou ce chainon manque, les tentatives actuelles et futures de corriger ou de réinventer ce que les pères fondateurs ont légué à la génération des Chefs d'État actuels, la 3ème ou 4ème génération de 1960 à nos jours, risquent d'être biaisées ou incomplètes.

Voilà une autre raison qui m'a poussé à reprendre service et à me mettre à table, en espérant d'Allah le Tout Puissant, qu'Il m'assiste pour ne pas oublier l'essentiel, car seul Dieu n'oublie pas, étant à l'origine de tout savoir.

Pour tous ces motifs que je viens d'évoquer, j'ai décidé après hésitation et doute, de me jeter à l'eau, encouragé en cela par un ami, qui lui-même a beaucoup écrit. Il s'agit du journaliste et écrivain, alliant une belle voix radiophonique à une belle plume. Je veux parler de Majib SENE. À plusieurs occasions, Majib m'a dit : « Falilou, il faut faire quelque chose sur l'OCAM. Si tu ne le fais pas, personne d'autre que toi ne pourra le faire, car tu es mieux placé que quiconque pour écrire sur l'OCAM. » Merci Majib de m'avoir ainsi, avec une amicale insistance, aidé à me remettre en question devant l'histoire et à remuer mes neurones fatigués et un peu vieillis.

I

ORIGINES

Pourquoi l'UAM et ensuite l'OCAM ont été créées à l'époque ?

Il faut remonter en arrière pour savoir ce qui s'est passé dans les colonies sous domination française, pour comprendre l'évolution politique qui a précédé le désir ardent de regroupement ayant abouti à la création de cette Organisation. Les étapes essentielles à retenir sont les suivantes :

En 1904, dans un souci de coordination, le gouvernement central français a jugé utile de créer deux entités : à l'ouest le Gouvernement général de l'AOF, qui regroupait les territoires du Dahomey (Bénin), de la Haute-Volta (Burkina Faso), de la Côte d'Ivoire, de la Guinée, de la Mauritanie, du Niger, du Sénégal, du Soudan (Mali) et du Togo. En Afrique centrale : le Cameroun, le Gabon, la Centrafrique (ex-Oubangui-Chari), le Congo-Brazzaville et le Tchad. C'est l'AEF avec Brazza comme capitale. L'AOF avec Dakar pour capitale. C'étaient les deux entités fédérales qui étaient ainsi créées.

À la tête de chaque entité, il y avait un Gouverneur général, de qui relevaient les gouverneurs de chaque territoire. Ces exécutifs fédéraux étaient mis sous la tutelle du ministre des Colonies, situé à la Rue Oudinot à Paris. C'est par la suite que furent créés les Grands

Conseils de l'AOF et de l'AEF, où chaque territoire était représenté par cinq conseillers, tous élus au suffrage universel direct. Chaque Conseil avait à sa tête un Président élu par ses pairs. Ils votaient les lois fédérales qui s'appliquaient aux entités fédérales, alors que les conseils territoriaux avaient compétence pour chaque territoire.

La loi-Cadre, dite Loi Deferre, du nom de Gaston DEFERRE qui a été ministre des Colonies en 1956, est venue apporter une évolution notable permettant à chaque territoire d'avoir son exécutif propre avec un gouvernement présidé par le Gouverneur du territoire.

Donc ce gouvernement dont les membres étaient désignés par l'Assemblée territoriale siégeait dans la capitale du territoire. Le Vice-président étant un élu désigné aussi par cette même assemblée.

La présence des tirailleurs sénégalais (qui venaient de tous les territoires de l'AOF et de l'AEF) dans tous les champs de bataille de la Deuxième Guerre mondiale (1939-1945), a contribué à éveiller les consciences des militaires qui ont aidé la France, à côté d'autres alliés bien sûr, à se débarrasser de Hitler et du nazisme. Le film d'Ousmane SEMBENE sur le camp de Thiaroye en est une belle illustration.

Le voyage du Général de Gaulle à Brazza pendant les hostilités et sa Déclaration dans cette ville en 1944, ont aussi contribué à la prise de conscience des peuples colonisés à l'époque. On se souvient que De Gaulle a essuyé un échec lorsque, venant de Londres, son avion a été empêché d'atterrir à Dakar par la marine et les troupes françaises, sur ordre du Gouverneur général pétainiste de l'époque, Boisson. C'est pourquoi les premiers soldats africains engagés dans la guerre sont partis de l'Afrique centrale, pour remonter vers le Maghreb et traverser la Méditerranée jusqu'à Paris, sous la direction du Général Leclerc. On connait l'épopée de cette colonne qui a été la première à libérer Paris avec les Américains. Éveil des consciences oui, mais aussi égalité des citoyens avec le vote de la Loi Lamine Gueye, député du Sénégal, à l'Assemblée nationale française, qui a donné le droit de vote à tous les ressortissants des colonies. Avant cette loi, seuls ceux qui sont nés dans les quatre communes (Saint-Louis, Dakar, Gorée et Rufisque) avaient, comme les Français, le droit de vote pour élire leurs conseillers municipaux, leurs maires et leurs députés. Ainsi donc, c'est à la suite de cette loi que les premières élections libres eurent lieu dans tous les territoires de l'AOF et de l'AEF, et à Madagascar dont certains se retrouvaient députés après les Sénégalais qui les ont devancés à l'Assemblée nationale, au Conseil de l'Union et sénateurs au Sénat français. Évolution importante donc dans le domaine de la représentation nationale des peuples colonisés. À côté, dans les colonies anglophones d'Afrique, cela n'a jamais été fait. Cette période de la Seconde Guerre mondiale, et au début des années 1950, des remous et remises en cause de la présence française ont ébranlé l'espace colonial : en Indochine, au Maroc, en Tunisie et en Algérie. C'est à ce moment que les Français ont commencé à comprendre que la colonisation ne pouvait plus continuer, car l'aspiration des peuples à l'autodétermination et à l'indépendance ne pouvait plus être étouffée. Les guerres coloniales menées en Indochine et en Algérie avaient fait leurs effets. Le

Maroc et la Tunisie risquaient de connaitre le même sort, d'autant que le Roi du Maroc Mohamed V avait été exilé par la France à Madagascar.

Oui, Madagascar, cette colonie française de l'océan Indien, la grande Ile, où déjà en 1947, une insurrection contre les méthodes de l'administration coloniale française, avait débuté. Elle fut réprimée dans le sang sans ménagement. Des nationalistes ont été emprisonnés et défendus par Me Lamine GUEYE, premier avocat sénégalais, dont Jacques RABEMANDJARA, ancien ministre des Affaires étrangères du Président Philibert TSIRANANA dans les années 1960.

Les intellectuels africains et de la diaspora ont, pendant cette période entre 1938 et 1947, animé à travers leurs écrits, notamment dans la revue « Présence africaine » créée par Alioune DIOP, ou leurs manifestations dans les cercles d'études et de conférences animés par les créateurs du Mouvement de la négritude (CESAIRE, SENGHOR et DAMAS), ont très amplement contribué au réveil des consciences, dans tous les milieux et à tous les niveaux. Il en est de même des Congrès des Écrivains et intellectuels africains, africains-américains et des Antilles à Londres en 1948 et à Rome en 1956.

La grève du chemin de fer Dakar-Niger entre Dakar et Bamako en 1947, plusieurs mois durant, a contribué, avec d'énormes sacrifices endurés par les travailleurs grévistes, à aiguiser la force de caractère et la détermination des responsables syndicaux de l'époque face aux colons. Quelqu'un comme Ibrahima SARR s'y est illustré et a laissé l'image de battant courageux et intègre, qui a refusé toute compromission, avec le

Gouverneur général français de l'époque, sur le dos des grévistes. Aynina FALL et Ousmane NGOM, ses compagnons de lutte, sont de la même trempe.

Les soubresauts de la Fédération de Rhodésie-Nyassaland sont à inscrire dans ce processus de décolonisation soutenu par l'OUA. Il a fallu le déclic de déclaration unilatérale de l'indépendance dite UDI proclamée par Ian SMITH ancien First Minister de la Rhodésie du Sud (actuellement Zimbabwe) pour voir les nationalistes de ce territoire entrer en lutte armée. Ce sont les Accords de Lancaster House qui ont mis fin à la colonisation britannique avec la création du Malawi, de la Zambie et du Zimbabwe après la dislocation de la Fédération qui les reliait. Les sanctions décrétées par un Conseil des ministres de l'OUA réuni à Addis-Abeba en 1966 contre la Grande-Bretagne étaient par la suite rejetées par les Chefs d'État. Ce qui a été sans précédent dans l'histoire de notre Organisation continentale. Hasting BANDA (Malawi), Kenneth KAUNDA (Zambie) et Robert MUGABE (Zimbabwe) en ont été les premiers Chefs d'État.

La nationalisation par le Général Gamal Abdel NASSER du Canal de Suez en Égypte en 1956, a contribué aussi à faire prendre conscience aux Africains, des méfaits des colonisateurs européens, qu'ils soient français ou britanniques. Car ces deux pays, la France et l'Angleterre ont, à cette occasion, soutenus par Israël, attaqué l'Égypte et coulé des navires dans le Nil, pour que le canal ne soit plus navigable. Ils contestaient ainsi la décision souveraine prise par l'Égypte, qui venait en 1952 de renverser le régime du Roi Farouk, en installant un gouvernement socialiste et révolutionnaire, dirigé par le Général Néquib d'abord et le Général Gamal Abdel NASSER par la suite. Grâce à la menace d'intervention des Américains et des Russes, Français, Anglais et Israéliens ont retiré leurs troupes.

L'accession à l'indépendance du Ghana, du Maroc, suivis de la Tunisie en 1956, a ouvert la porte, après celle du Vietnam, sous les gouvernements de Mendés France et d'Edgard Faure, à des revendications qui ne pouvaient plus rester lettre morte, surtout en Afrique subsaharienne.

La construction et les débuts de l'intégration européenne marquent un tournant important dans la période ayant suivi la fin de la Seconde Guerre. Pour éviter les conflits et guerres qui ont ravagé l'Europe en 1914-1918 et 1939-1945, les Européens ont imaginé et mis en place des organes destinés à les rapprocher sur les plans politiques et économiques. Le Pool charbon-acier d'abord, la CECA (Communauté européenne Charbon Acier), le Marché Commun ensuite, ont été un facteur unificateur dans cette direction. Il en est ainsi du Traité de Rome signé le 7 mai 1957 entre les six pays : Allemagne, Belgique, France, Hollande, Italie et Luxembourg.

À ce Traité, était annexée une disposition permettant aux Pays et territoires qui étaient des Colonies des pays signataires du Traité, de pouvoir, s'ils le souhaitaient, devenir leurs associés.

C'est le début des Conventions et Accords d'association entre l'Europe et ces pays d'Afrique d'abord (EAMA : États africains et malgaches associés des Caraïbes et du Pacifique), ensuite après 1975. Ainsi est né le Groupe des pays ACP.

Était-ce une façon de se décharger du fardeau des anciennes colonies ? Ou une façon de mutualiser les efforts, pour les aider à sortir de leur sous-développement. Les avis sont partagés.

Toujours est-il que, cette aventure a donné naissance aux Conventions d'Association de Yaoundé I et II, suivies des Conventions de Lomé I, II, III et IV, puis IV Révisée, l'Accord de Cotonou Révisé à Luxembourg, encore en vigueur à ce jour.

Les pays membres de l'OCAM ont été les premiers à s'associer à l'Europe des Six sous le sigle EAMA, rejoints par l'ile Maurice en 1968.

C'est par la suite en 1975 que le cercle s'est élargi pour devenir ACP, comme on le verra plus loin dans les acquis légués par l'OCAM.

C'est dans ce contexte que le Général de Gaulle, revenu au pouvoir en 1958, a institué, après référendum, la Vème République. Il a formé un gouvernement où Félix HOUPHOUËT-BOIGNY s'est retrouvé ministre d'État, ministre de la Santé, et Léopold Sédar SENGHOR Secrétaire d'État auprès du Premier ministre. Tous deux ont de ce fait pris part à la rédaction de la Constitution de la Vème République.

Toute cette évolution politique notable a poussé le Général de Gaulle à organiser un référendum le 28 septembre 1958, qui consistait à poser la question de savoir si on veut rester dans la Confédération franco-africaine en répondant par oui ou par non.

S’il ne tenait qu’à écouter les syndicalistes, les étudiants, les partis politiques, le « non » l’aurait emporté. En effet, le PRA (Parti du Regroupement Africain), à son Congrès de Cotonou en juillet 1958, avait prôné le vote « non » au Référendum. La FEANF et l’UGEAO de même.

La Guinée-Conakry sous la direction de Sékou TOURE, tout en étant membre du RDA par sa section PDG, a pris l’option de voter négativement et s’est retrouvée de ce fait, du jour au lendemain, indépendante de la France.

La voie ouverte par la Guinée s’est traduite par un regain de nationalisme permettant à tous les peuples colonisés, à travers les partis politiques, les syndicats et les organisations d’étudiants, comme la FEANF (Fédération des Étudiants africains en France) et l’UGEAO (Union générale des Étudiants d’Afrique de l’Ouest à Dakar), de mettre la pression sur leurs élus pour négocier, avec la France, des accords permettant l’accession de leurs pays à l’indépendance et à la souveraineté internationale.

Entre janvier et décembre 1960, les territoires français d’Afrique noire ont ainsi négocié et signé des accords pour devenir indépendants, dans l’entente et l’amitié avec la France. Une nouvelle ère s’ouvrait ainsi pour nos peuples, nos pays et leurs dirigeants.

Fallait-il aller chacun de son côté ou bien retrouver des liens de solidarité ? Et lesquels ? Nos dirigeants se sont posés ces questions dès les premiers jours de l’accession de leurs pays à la souveraineté. Les liens avec le pouvoir colonial avaient changé du tout au tout. Ils allaient adhérer à l’ONU (Organisation des Nations unies) et à d'autres organisations. La nécessité de se concerter et de relever ensemble les nombreux défis qui les attendaient avait éveillé en eux un désir ardent de se regrouper.

Les arguments en faveur de ces retrouvailles, permettant de travailler et de se concerter ensemble, ne manquaient point. Surtout entre les dirigeants qui se sont connus auparavant dans les écoles, organes et endroits que sont :

– L'École normale William Ponty (de Saint-Louis, Gorée, puis Sébikhotane) qui a offert à plusieurs générations, l'éducation et la formation. (Voir en annexe les promotions de Ponty avec les noms des anciens élèves).

– Les Lycées Faidherbe de Saint-Louis et Van Vollenhoven de Dakar ;

– Les Écoles normales de Bingerville (Côte d'Ivoire), de Kati (Soudan) et de Brazzaville (Congo) ;

– L'École des enfants de Troupe de Saint-Louis pour les militaires ;

– L'École fédérale des Postes à Dakar ;

– Le Syndicat UGETAN (Union générale des travailleurs d'Afrique noire) ;

– La FEANF et l'UGEAO dont on a parlé plus haut ;

– Les Grands Conseils de l'AOF et l'AEF ;

– L'Assemblée nationale, le Conseil de la République et le Sénat en France ;

– L'Armée française avec ses tirailleurs, au début.

Tous ces creusets, où se sont connus et côtoyés les responsables et dirigeants de nos pays, ont servi de terreau favorable à cette volonté de se retrouver pour sauver les acquis, comme la monnaie commune le CFA, et construire ensemble des entités. Soit au niveau sous régional, régional ou continental.

C'est ce souci qui a été à l'origine de la création de la Fédération du Mali, à quatre d'abord (Dahomey, Haute-Volta, Soudan et Sénégal), ensuite à deux, après le retrait de la Haute-Volta et du Dahomey. On sait que cette dernière Fédération s'est disloquée le 20 août 1960, lorsque le Sénégal et le Mali ont décidé de se séparer. Dans la douleur !

Le Conseil de l'Entente qui a vu le jour au même moment, regroupait le Dahomey (Bénin), la Haute-Volta (Burkina), la Côte d'Ivoire, le Niger et le Togo. Même si ce Conseil est en léthargie, il est toujours en vie. Son siège est à Abidjan.

Enfin, la création de l'Union Ghana-Guinée et ensuite Ghana-Guinée-Mali, procède du même désir de vouloir se donner la main pour ensemble, coopérer dans plusieurs domaines, et faire face aux défis de la vie internationale.

Plus tard, et sur une échelle plus large, les États de l'Afrique de l'Ouest, du Centre et Madagascar, tous francophones, ont pris la décision à Tananarive, le 7 septembre 1961, de créer une Union africaine commune dénommée UAM (Union africaine et malgache). La Guinée et le Togo n'en étaient pas membres.

Le Togo a rejoint l'UAM en mars 1963 et le Rwanda le 27 juillet de la même année. L'île Maurice en 1968, les Seychelles sont devenues membre en 1973.

Les objectifs et les compétences dévolues à l'UAM sont retracés de façon claire dans sa charte (voir les Annexes). Ses organes, ses institutions sont précisées dans ce document.

L'évolution du contexte africain et mondial ainsi que la complexité des défis à relever, ont justifié la transformation de l'UAM, intervenue par la suite. C'est l'objet du chapitre qui suit.

II

De L'UAM À L'OCAM

C'est la capitale malgache Tananarive (Antananarivo) qui a accueilli le Premier Sommet des Chefs d'État, à l'invitation du Président Philibert TSIRANANA qui a jeté les bases de cette institution. C'était au mois de septembre 1961. La plupart des pays présents venaient tout juste d'accéder à l'indépendance. C'était donc pour beaucoup d'entre eux des retrouvailles. L'entente a vite pris le dessous sur les mirages « joujoux et sucettes » dont avait parlé L.S. SENGHOR, lorsqu'il défendait les avantages des regroupements fédéraux avant d'accéder à l'indépendance. Il y avait les territoires membres de l'AOF d'une part, et ceux de l'AEF. Ils n'avaient pas été malheureusement suivis, surtout par la Côte d'Ivoire et le Gabon, qui ne voulaient pas, disait-on à l'époque, être la « vache à lait » des fédérations, à l'ouest comme au centre de l'Afrique francophone. D'où la responsabilité historique énorme de Houphouët-Boigny et Léon MBA, d'avoir raté le coche, car encouragés dans leur refus par les autorités françaises de l'époque, dans ce qu'on a appelé la balkanisation. À Tananarive donc, en seulement deux jours, après le travail colossal accompli par les ministres des Affaires étrangères, les Chefs d'État ont pris la décision de créer une nouvelle Organisation appelée Union africaine et malgache (UAM), qui avait une large compétence, en matières politique et culturelle. Son Siège se trouvait à Cotonou (au Dahomey) et son Secrétaire général Albert TEOVEDJERE, était citoyen dahoméen.

Des institutions spécialisées avaient en même temps été créées ou prévues pour l'être. Il y avait ainsi :

a) L'OAMCE (Organisation africaine et malgache de coopération économique) avec Yaoundé comme siège et M. Jules RAZAFIMBAHINY (malgache) comme Secrétaire exécutif ;

b) L'UAM-Défense qui s'occupait des matières relevant de la défense et de la sécurité, dont le siège était à Ouagadougou (Haute-Volta) et que dirigeait le Général Jean Bédel BOKASSA (centrafricain), celui-là même qui se retrouvera Chef de l'État, après le Coup d'État de 1965 contre son cousin, Chef de l'État d'alors M. David BAKO, qui avait remplacé Barthélemy BOGANDA décédé dans un accident d'avion entre Brazzaville et Bangui ;

c) De son côté l'UAMPT (Union africaine et malgache pour les Postes et Télécommunications) avait Brazzaville comme siège et était placée sous la responsabilité de M. Joachim BALIMA de la Haute-Volta ;

d) À Yaoundé était installée l'OAMPI (Organisation africaine et malgache de la Propriété intellectuelle) avec M. Denis EKANI comme Directeur général. Il était camerounais ;

Par la suite, Air Afrique, après sa création en 1962, a rejoint la liste des Institutions spécialisées de l'UAM.

C'est Cheikh Boubacar du Sénégal qui en a été le Président Directeur Général.

Ces institutions avaient des organes qui se limitaient à leurs ministres de tutelle, dont les décisions remontaient aux Chefs d'État. Seule l'UAM avait une Conférence annuelle des Chefs d'État comme organe suprême de décision.

Donc, chaque institution spécialisée soumettait, par le Président de son Conseil des Ministres, un rapport avec ses propositions, à la haute autorité des Chefs d'État. Ainsi, ce qui pouvait donner lieu à des conflits, trouvait solution après concertation lors des Sommets de l'UAM.

L'UAM a été le maillon central solide du Groupe de Brazzaville, considéré comme modéré, par rapport au Groupe créé à Casablanca en janvier 1961, avec une étiquette de progressiste. Ce Groupe de Casablanca était composé de la République arabe d'Égypte, du Ghana, du Mali, de la Guinée, du Maroc et du GPRA (Gouvernement provisoire de la République algérienne) dont le pays était en lutte contre la France depuis 1954, pour obtenir son indépendance, qui ne sera acquise qu'en 1962. L'UAM et ses Chefs d'État qui avaient pignon sur rue à l'époque, ont été à l'origine de la création du Groupe de Monrovia, qui a eu dans ses rangs tous les autres États africains indépendants qui n'étaient ni du Groupe de Brazza, ni de celui de Casa. Parmi eux le Libéria, le Nigéria, l'Éthiopie, la Tanzanie, le Kenya, l'Ouganda, le Congo-Kinshasa, le Soudan, la Somalie, le Rwanda et le Burundi.

C'est ce Groupe de Monrovia qui a été à la pointe des rencontres et actions qui ont jeté les bases de la création, en mai 1963 à Addis-Abeba, de l'OUA (Organisation de l'Unité africaine). Je me souviens d'avoir participé, avec mon Ministre Doudou THIAM, à deux réunions à Cotonou, de l'UAM, et à Lagos du Groupe de Monrovia, en 1962, où les ministres ont discuté et affirmé leurs positions, en vue du prochain Sommet qui allait se tenir à Addis-Abeba, à l'invitation de l'Empereur Hailé SELASSIE, Roi des Rois.

Ce fut en mai 1963 que cette première rencontre de tous les États africains indépendants à l'époque, et des dirigeants en lutte pour l'indépendance de leurs pays, se tint dans la capitale éthiopienne. Dans une ferveur empreinte de solennité, et historique, fut adoptée et signée la Charte de l'OUA le 25 mai 1963. Moment inoubliable pour tous ceux qui y ont assisté. Seuls étaient absents le Maroc et le Togo.

Le Maroc qui revendiquait l'appartenance de la Mauritanie au Royaume chérifien, avait boycotté la rencontre. Le Togo qui venait de connaitre le premier coup d'État en Afrique, avait été tenu à l'écart, malgré la présence à Addis-Abeba de son ministre des Affaires étrangères.

Voilà, sans fioritures, la place que l'UAM a occupée et le rôle qu'elle a exercé dans la façon de moduler la coopération, l'intégration et l'unité africaine, dans les premières années de l'accession à la souveraineté internationale de nos pays, entre 1960 et 1963. Période fertile, en effet, en évènements politiques dans notre Continent, en période de guerre froide entre l'Est et l'Ouest, et au début des contacts entre l'Afrique et l'Asie, qui ont abouti à la création à Bandoung (Indonésie) du Groupe Afro-asiatique en 1965. C'était avant la création du Groupe des non-alignés.

Cette entrée remarquée dans les affaires africaines a permis à l'UAM d'organiser, lors des Sommets, des concertations avant les rencontres internationales. Ainsi, un Bureau de Représentation de l'UAM a vu le jour à New York, pour apporter une assistance aux représentants des pays membres, dans le traitement des questions débattues à l'ONU. Cela était utile lorsqu'il s'agissait d'élections et de désignations de pays ou des personnes pour pourvoir à certains organes ou postes électifs : Conseil de sécurité, Conseil économique et social, Cour internationale de justice, institutions spécialisées et autres démembrements de l'ONU. Sans compter les appuis que d'autres pays venaient solliciter auprès du Groupe de l'UAM, pour des candidatures à des postes auxquels ils étaient intéressés. Américains, Russes, Européens de l'Ouest comme de l'Est, Asiatiques, Arabes du Moyen-Orient et d'Afrique, Latino-Américains, etc. C'est dire que le Représentant de l'UAM à l'ONU était très courtisé, au sens noble du terme, dans sa dimension diplomatique.

C'est en 1966 à Abidjan à un sommet extraordinaire que la fusion de l'UAM et des Institutions principales a été opérée et qu'à la place, l'OCAM a vu le jour. Le Président Houphouët-Boigny qui a invité le Congo Kinshasa, Moïse TCHOMBE étant le Premier ministre de ce pays, à cette rencontre, n'a pas pu éviter la colère du Président mauritanien Moctar Ould DADA, à l'époque Président en exercice de l'UAM, qui du coup, a claqué les portes de l'Institution. Départ de la

Mauritanie, mais arrivée du Congo-Kinshasa, c'est là l'étape qui a marqué la création de l'OCAM en 1966 à Abidjan. Tout est regroupé à Yaoundé qui devient le Siège. Le Premier Secrétaire général est fourni par le Sénégal en la personne de Diakha DIENG, ancien condisciple, avec une année d'avance sur moi, à la Faculté de Droit de Dakar, et collègue membre du Corps des diplomates de carrière du Sénégal. Son mandat était de 4 ans. Diakha a géré l'Institution en réorganisant tout le système hérité de l'UAM et de ses Institutions, à l'exception d'Air Afrique, de l'AMPT et de l'OAMPI. Ces institutions avaient leurs propres organes de décision. Les Sommets annuels des Chefs d'État se tenaient régulièrement, ainsi que les réunions des ministres qui avaient compétence sur les domaines déterminés dans la Charte, à savoir, politique, économie, culture, coopération internationale, etc.

C'est au bout de deux ans, en 1968 au Sommet de Niamey au Niger, que Diakha a demandé à être libéré, en écourtant son mandat. Il a, par la suite, été nommé Ambassadeur du Sénégal en Égypte. J'ai décrit plus haut, les circonstances de ma nomination/désignation pour remplacer Diakha DIENG.

Ainsi, le 1er avril 1968, il m'a passé le service et j'ai pris fonction aussitôt, à Yaoundé.

Le Président Diori Hamani, Président de la République du Niger, était le Président en exercice de l'OCAM.

III

L'OCAM DE 1968 À 1974

Auprès du Président Diori Hamani, le Président en exercice de la Conférence des Chefs d'État, j'ai trouvé une disponibilité et une conscience très élevées pour booster l'OCAM dans la sphère internationale, dans tous les domaines. Avec lui, j'ai été à l'école de la pratique des relations internationales, nonobstant ce que j'avais acquis au Ministère des Affaires étrangères, et lors de mon premier séjour à l'ONU et à Washington comme Ministre Conseiller, donc le n° 2 de l'Ambassade, auprès de l'Ambassadeur Ousmane Socé DIOP, premier ambassadeur du Sénégal à l'ONU et aux USA. Le Président était facile à convaincre lorsqu'il s'agissait de l'intérêt de tous. Il ne demandait jamais de recevoir le siège d'une nouvelle institution pour le Niger, ou un poste pour un de ses compatriotes.

De 1968 à 1970, il a été à la pointe des actions menées par l'OCAM, à l'interne comme au plan extérieur :

– Accroissement du nombre des écoles et institutions spécialisées ;

– Médiation et diplomatie préventive entre certains pays membres ;

– Renégociation des Conventions d'Association de Yaoundé avec l'Europe des Six, issue du Traité de Rome de 1957 créant le Marché Commun ;

– Transfert du Siège de la BCEAO et de la BCEAC à Dakar pour la première et à Yaoundé pour la seconde.

Des écoles de formation post-baccalauréat et de niveau supérieur ont vu le jour, avec la coopération française et les fonds du FED (Fonds européen de Développement) le volet financier des Conventions de Yaoundé :

– ESVM : École inter-état des sciences et de médecine vétérinaire à Dakar, qui forme des Docteurs vétérinaires, dont certains occupent les plus hautes fonctions dans leurs pays. Le Professeur Lamine NDIAYE a été le premier Africain à diriger cet Institut devenu École vétérinaire de Dakar. Lamine fut par la suite, Recteur de l'Université Gaston Berger de Saint Louis ;

– IAI : Institut africain d'informatique à Libreville, qui forme après le Bac, des programmeurs et analystes en informatique. C'est grâce à mon insistance auprès des experts français qui nous ont assistés, au début de son installation, que le Siège n'a pas été déplacé ailleurs que dans la capitale gabonaise, en prétextant le coût élevé de la vie. Et le Président Bongo m'en a toujours été reconnaissant et me l'a souvent rappelé lors de nos rencontres. M. Maguette DIOUF, ancien ministre du Sénégal, a été un moment le Directeur des études à l'IAI ;

– Institut de formation de statisticiens à Kigali ;

– École d'Architecture à Lomé ;

– EIER, École Inter-état de Formation des Ingénieurs de l'Équipement rural à Ouagadougou, devenue

E3, d'où sont sortis un grand nombre d'ingénieurs opérant dans le secteur agricole de notre pays ;

– Institut culturel africain à Dakar, dont le Directeur était Basile COSSOU du Dahomey ;

– Institut africain du Cinéma et de l'Audiovisuel à Ouagadougou, qui a joué un grand rôle dans la participation des cinéastes africains dans les rencontres et évènements cinématographiques, en Afrique et en Europe. L'héritier aujourd'hui en est le Festival du Cinéma de Ouagadougou (FESPACO), qui prime les meilleurs films africains.

Parmi les institutions nouvelles, il faut compter :

– Le Conseil africain et malgache de l'enseignement supérieur qui siège à Ouagadougou, dont le premier directeur a été Joseph KI-ZERBO (historien burkinabé de renom), bien connu pour avoir largement participé à la Rédaction de l'Histoire de l'Afrique, œuvre monumentale financée par l'UNESCO lorsque René MAHEU en était le Directeur Général. Amadou Mahtar MBOW, par la suite en a assuré la réalisation lorsqu'il a été à la tête de l'UNESCO. La mission du Conseil est d'organiser les concours d'agrégation dans les universités des pays de l'OCAM. Cette mission continue encore d'être accomplie ;

– Accord sucrier de l'OCAM, dont le siège était à Ndjamena au Tchad, avec Antoine ESSOME (Cameroun) comme directeur, jusqu'à sa dissolution. Le Sénégal a été le premier pays à dénoncer l'accord en 1972, lorsque la famille Mimran, éconduite du Congo Brazzaville décida de lancer la culture de la canne à Richard Toll au Sénégal, en créant la CSS

(Compagnie sucrière sénégalaise), qui continue à bénéficier d'un monopole exorbitant dans un domaine aussi vital que le sucre. On le sait, le père Mimran, un ami de longue date du Président Senghor, n'eut pas de difficultés à se lancer dans cette aventure ;

– Accord sur le Bétail et la Viande à Ouagadougou. Roger Tall en était le Secrétaire exécutif. Il était de la Haute-Volta (Burkina).

Parmi les autres créations nouvelles, il faut ajouter :

– Le BAMEREL (Bureau africain et malgache d'études et de recherches juridiques) installé à Libreville et dirigé par un éminent magistrat togolais de ma promotion, à la faculté de droit et de sciences économiques à l'Université de Dakar. Au Premier concours de Droit civil des Facultés de Droit en 1957, il eut le premier accessit, alors que j'obtenais le second prix, le premier prix n'ayant pas été décerné cette année-là. Le juge français René CASSIN, devenu Président de la Cour de cassation, nous a apporté une assistance inestimable dans la rédaction des textes qui l'ont constitué. Il s'agit de Kwashi LEONIDAS ;

– Le FAGACE (Fonds africain de Garantie et de Coopération économique) installé à Cotonou. Ont par la suite adhéré à ce fonds : la Gambie, la Guinée-Bissau, le Mali et la Sierra Leone. Le FAGACE était spécialisé dans la promotion des investissements publics et privés, et jouait le rôle de catalyseur des flux financiers dans les secteurs de l'agriculture, l'élevage, l'agro-industrie, les télécommunications, l'énergie, le tourisme et l'hôtellerie. Vu son succès, la Guinée Conakry et la Mauritanie ont par la suite adhéré au FAGACE.

De toutes les institutions rattachées à l'OCAM, une seule a été supprimée dès ma prise de fonction. Il s'agit du MEOCAM (Mouvement des étudiants de l'OCAM) créé en France par des étudiants africains qui n'arrivaient pas à terminer leur cycle universitaire et qui ont trouvé ce tremplin. Un chapitre avec un budget propre figurait dans le budget général du Secrétariat.

Le hasard a fait qu'un jour, j'ai pris l'avion à Cotonou avec le Contrôleur financier de l'OCAM, M. BOYA à l'époque. Qui est-ce que je trouve dans le même vol, en première classe ? Les deux responsables connus du mouvement, M Khoureychi THIAM dont j'ai fait la connaissance au Lycée Van Vollenhoven à Dakar, et Vacaba TOURE, jeune ivoirien. Mon Contrôleur financier et moi voyagions en classe touriste, pour des raisons d'économie que je venais de décider. À mon retour à Yaoundé, cet incident m'a donné l'occasion de faire supprimer du projet de budget le chapitre qui était réservé au MEOCAM, après celui de la Présidence en exercice. Mouvement inutile, qui ne faisait pas le poids à côté des autres organisations d'étudiants, qui était budgétivore et dont l'activité se réduisait à prendre l'avion entre Paris, Dakar et Abidjan, pour aller bluffer les Chefs d'État, alors qu'aucun rapport d'activités, n'avait été transmis au Secrétariat général.

C'est pourquoi, après ma décision, aucun Chef d'État ne m'a demandé les raisons de l'élimination du MEOCAM. Ni d'ailleurs les deux acolytes sénégalais et ivoirien. Et depuis lors, on n'a plus entendu parler du MEOCAM.

Au moment où je quittais le Secrétariat en août 1974, il existait dix-sept institutions, écoles, instituts et centres, qui relevaient de l'OCAM. Celle-ci était alors bel et bien père d'une famille nombreuse.

Si la francophonie, qui était une idée chère au Président L.S. SENGHOR, au Président Habib BOURGUIBA de Tunisie et au Prince Norodhom SIHANOOK du Cambodge, a commencé à s'organiser, c'est grâce à l'OCAM et à son Président, le Président Diori Hamani. Il prit l'initiative de convoquer à Niamey, en mars 1969, la Première Conférence ministérielle chargée de discuter de la mise en place d'un organe pour promouvoir la culture et la langue française dans les pays qui ont cette langue en partage. À cause d'une profonde mésentente entre Canadiens et Québécois, sur le statut à donner à la Province du Québec, cette première rencontre n'a pas abouti à l'adoption d'un document final. Ce n'est que l'année suivante, en mars 1970, toujours à Niamey, qu'après d'âpres conciliabules pour arriver à mettre d'accord le Canada et le Québec, que finalement une entente s'est dégagée pour que les provinces canadiennes qui le souhaitent (comme le New-Brunswick, l'Ontario, etc.) soient comme le Québec, membres à part entière de la nouvelle Agence pour la coopération culturelle dite AGECOP ou ACCT. Son Siège est fixé à Paris et c'est Jean-Marc LEGER (Canadien francophone) qui fut son premier Secrétaire général. Le Second, avec l'appui et le soutien de l'OCAM, fut le Nigérien Dan Kouloudo DICKO. Le Président Diori et l'OCAM ont ainsi, par leur ouverture d'esprit et leur persévérance, réussi un coup de génie qui marquera pour longtemps la francophonie, jusqu'à nos jours, avec son XVème Sommet, tenu à Dakar en décembre 2014, qui a vu le passage de témoin du Président Abdou DIOUF, son Secrétaire général, à Michaelle JEAN, canadienne d'origine haïtienne, la première femme à occuper ce poste prestigieux.

Sans que cela ne soit mis dans l'escarcelle des résultats obtenus par l'OCAM, on peut noter que c'est avec le chapeau ou la toge de Président en exercice de l'OCAM, que le Président SENGHOR prit l'initiative avec le Président Hamani DIORI, de convaincre le Président français G. POMPIDOU, de tenir le Premier Sommet des Chefs d'État et de Gouvernements de France et d'Afrique. Celui-ci eut ses premières assises à Paris en 1973. Devenue une Institution, la Conférence franco-africaine se tenait alternativement en France et en Afrique. Bangui en 1975, Dakar en 1977, Kigali en 1979, ont accueilli le Sommet. Paris (1976), Nice (1980) et la Baule en France, de même.

Parmi les actions de haute portée réussies à l'époque, il faut aussi noter la décision de transfert des sièges de la BCEAO et de la BCEAC de Paris (Rue du Colisée) à Dakar et à Yaoundé. En effet, une résolution adoptée par nos Chefs d'État, avait donné mission au Président Diori, de négocier avec les autorités françaises, le transfert de nos deux banques d'émission de la monnaie CFA, dans nos pays. Dans la plus grande confidentialité, le Président Diori, commit un ancien ministre des finances du Canada, pour étudier les tenants et les aboutissants de ce dossier. Auparavant en 1970, lors d'un voyage à Washington, à l'occasion des assemblées annuelles du FMI et de la Banque Mondiale, je pris l'initiative d'organiser à l'Hôtel Hilton, un petit déjeuner de travail avec les Directeurs des agences de la BCEAO et de la BCEAC, que sont Ady NIANG (Sénégal), Lamine DIABATE (Côte d'Ivoire), Alfred EKOKO (Cameroun) et notre frère Amadou BA (Guinée), dont le pays n'était pas membre de la BCEAO. Mais ce Directeur général de la Banque centrale de Guinée, avait été un ancien haut responsable du FMI. Donc il m'a paru utile de l'associer à la réflexion menée pour recueillir les avis et conseils des pratiquants des instituts d'émission monétaire. C'est ce que je fis en rendant compte dans le plus grand secret au Président Diori.

Muni de ces rapports et avis, le Président Diori a entrepris et mené les négociations qui ont abouti au transfert du Siège de la BCEAO à Dakar, et celui de la BCEAC à Yaoundé. Un succès hautement significatif pour les pays membres de la zone franc, quand on voit le rôle central et combien important que ces deux Instituts d'émission et de contrôle monétaire jouent dans nos économies, surtout depuis la création de la BOAD (Banque Ouest-africaine de Développement), ayant son Siège à Lomé, qui investit beaucoup dans les secteurs productifs de nos pays en Afrique de l'Ouest. Il en est de même pour la Banque régionale de Développement en Afrique centrale, créée par la BCEAC.

L'OCAM s'est impliquée ou a été sollicitée pour des élections dans des organes prestigieux en Afrique ou dans les Institutions mondiales inter-gouvernementales :

• Cour internationale de Justice de La Haye dont le 1er Juge africain à y siéger était le sénégalais Isaac FOSTER, remplacé par Kéba MBAYE, à la fin de son mandat ;

• UNESCO où le premier directeur général africain a été Amadou Makhtar MBOW du Sénégal ;

• UNITAR (à New York) que Me Gabriel d'Arbousier, ancien Président du Grand Conseil de l'AOF, a dirigé au moment de sa création.

Yssoufou DJERMAKOYE, un ancien interne au Lycée Faidherbe de Saint-Louis et ancien vice-président de la République du Niger, après avoir été Ambassadeur du Niger à l'ONU, a été porté au poste de Secrétaire général adjoint chargé des questions de tutelle et de la décolonisation, sous le mandat du Secrétaire général U. Thant, de Birmanie.

Sur la désignation des administrateurs de notre groupe au FMI et à la Banque Mondiale.

Parfois des débats houleux en conseil des ministres, puis au Sommet devaient aboutir à un arbitrage du Président en exercice. Ce fut parfois le cas pour pourvoir au poste d'administrateur au Conseil d'administration de la Banque mondiale, entre Mawusi le Togolais et Nasseem Kochman, libano-mauritanien, ce dernier soutenu par le Sénégal et la Mauritanie. Ou quand le titulaire ne voulait pas, au terme de sa mission, céder la place à son suppléant au Conseil d'Administration du FMI entre un voltaïque et un malgache. Cela ne fut pas souvent facile. Mais on parvenait à apaiser les conflits en famille, et à trouver un terrain d'entente.

Sollicitée par le Mali, qui n'était pas membre de l'OCAM, notre Organisation a donné son accord pour soutenir la candidature de son ancien ministre des Finances Louis NEGRE, au poste de Président de la Banque africaine de Développement, dont le siège est à Abidjan. C'était après le départ de son premier Président, le soudanais Mahmoun BEIRY. Louis NEGRE ne fut pas élu, mais l'essentiel, c'était la solidarité ainsi manifestée au pays frère qu'est le Mali.

Un plan comptable de l'OCAM est aussi à mettre dans le lot des réalisations de l'Organisation. Il a été conçu par le Secrétariat. Après discussion et approbation par les experts statisticiens des États membres, il a été approuvé par les Ministres et les Chefs d'État. Il a contribué à rationaliser et à faciliter la comptabilité des sociétés opérant dans l'espace de l'OCAM. Harmonisation utile et efficace dans un secteur important pour les entreprises.

C'est seulement avec la mise en œuvre des actes de l'OHADA (Organisation pour l'Harmonisation du Droit des Affaires en Afrique), suite à une conférence des ministres des Finances de la zone Franc en avril 1992 à Ouagadougou, que le Plan Comptable de l'OCAM, a cessé d'exister. Le SYSCOA, un des actes du Traité de l'OHADA, l'a judicieusement remplacé. Le texte est jusqu'à ce jour en vigueur dans les pays de la zone Franc. Le mérite de la conception du Plan comptable revient à un de mes collaborateurs de l'époque, expert statisticien sérieux et talentueux. Je veux parler de Robin ANDRIANOSOLO de Madagascar. Après l'OCAM, ce dernier s'est retrouvé à la Commission économique pour l'Afrique, où il a continué à servir notre Continent.

Le programme de construction de cités de l'OCAM pour l'accueil des Chefs d'État, à l'occasion de leurs sommets, avait été conçu et appliqué, avec l'aide de la coopération française, partout où les infrastructures hôtelières ne permettaient pas de loger les présidents et leurs délégations dans les meilleures conditions. Des cités de l'OCAM avec des villas (14 à 15) ont vu le jour à Niamey, Ndjamena et Bangui. Les sommets tenus à Kinshasa (1969), Yaoundé (1970), Lomé (1972) et Port-Louis (1973), n'ont pas nécessité la construction de villas, du fait de l'existence d'hôtels ou autres complexes : Cité de l'OUA à Kinshasa, ou du Conseil de l'Entente dans les pays membres pour loger les éminents hôtes.

La presse n'a pas été en reste. Un magazine de l'OCAM était préparé et envoyé chaque semaine par le service de presse, à Radio Cameroun à Yaoundé, pour sa diffusion. Les contacts avec la presse en général, parlée ou écrite, étaient fréquents et suivis par l'opinion, dans tous les pays membres. Le courant passait bien entre les organes de presse et nous.

Le « Fauteuil Blanc », émission mensuelle à grand succès de la Télévision ivoirienne, a accueilli le Secrétaire général de l'OCAM comme invité du Président de la Banque africaine de Développement, qui était un Tunisien, M. Abdel Wahab LABIDI.

La célébration du 25ème anniversaire de l'ONU en 1970, a donné l'occasion au Président en exercice de l'OCAM d'y prendre part, pour représenter l'Institution. Le fait est à noter, car c'est par un vol spécial de l'Ethiopian Airlines, affrété par l'Empereur Hailé SELASSIE, que le Président TOMBALBAYE et sa délégation, se sont rendus à New York, avec à l'aller comme au retour, une escale à Las Palmas aux iles Canaries. Le projet de discours du Président de l'OCAM a été rédigé par moi-même et mon ami Amadou Pallaye, ancien Directeur de la BTCD (Banque tchadienne du Commerce et du Développement). Raison pour laquelle, nous ne pouvions être présents à la cérémonie de remise du diplôme de Docteur Honoris Causa de l'Université qui se trouve à New Jersey, en face de la Ville de New York, au Président en exercice de l'OCAM, Ngarta TOMBALBAYE.

Le sport n'était pas oublié. Un esprit sain dans un corps sain, dit-on. C'est pourquoi la pratique du sport a été fortement encouragée. Elle avait l'avantage d'humaniser un peu plus les relations entre le personnel, les membres de leurs familles et la communauté d'accueil à Yaoundé. Étudiants, fonctionnaires et privés étaient concernés. Le tennis, le volleyball et le football ont eu des pratiquants, hommes comme femmes. L'équipe de foot faisait parfois des matches en dehors de Yaoundé, jusqu'à Ebolova parfois, ou organisait des rencontres avec les lycées et collèges, avec les entraineurs des équipes de football, dont l'entraineur allemand Peter Shnetger, qui a amené l'équipe du Cameroun en finale de la Coupe d'Afrique en 1972 à Yaoundé contre le Congo-Brazza.

Mais ma plus grande satisfaction est venue du Basket-ball. L'équipe de l'OCAM, deux ans seulement après sa création, est devenue en 1972, championne du Cameroun.

Ce sont des étudiants de l'Université de Yaoundé, qui étaient souvent laissés sur le banc des remplaçants du Yaoundé Université Club (YUC), qui composaient l'équipe. C'est dire que les matches entre le YUC et l'OCAM étaient, en quelque sorte, une revanche entre les anciens coéquipiers et les anciens « cireurs » de banc.

Quand l'OCAM sortait vainqueur de ces joutes, la fête durait jusque dans les amphis et les salles de cours de l'Université. Avant mon départ de Yaoundé, la Fédération de Basket du Cameroun m'a fêté, pour mon apport au développement du basket, à l'occasion d'une réception donnée en mon honneur. Ce geste me rappelait que quelques années auparavant, avec le DUC (Dakar Université Club) que je coachais, je remportais la première Coupe de basket de l'AOF. C'était en 1957 à Dakar.

Le maillot n° 8 que je portais, plus souvent à l'entrainement au terrain de l'Université du Cameroun, que pendant des matches de l'équipe, aurait pu être aujourd'hui mis aux enchères, si j'avais eu moins de déménagements, d'un poste à un autre depuis lors, qui ont fait qu'il est devenu introuvable, comme du reste, des photos et des documents précieux.

L'OCAM dont les États membres étaient associés au Traité de Rome de 1957, a contribué de façon importante à la consolidation et à l'approfondissement de cette Association. Le Traité de Rome liait les six pays qui ambitionnaient de réaliser un Marché commun européen. Il s'agit de l'Allemagne, la

Belgique, la France, la Hollande, le Luxembourg et l'Italie. Ils furent ainsi les tout premiers noyaux de la construction européenne. Au Traité de Rome, étaient annexées des dispositions ouvrant la voie aux pays et territoires qui étaient des colonies des six États membres, d'avoir la possibilité de signer des Conventions d'association avec eux. La première Convention a vu le jour à Yaoundé et était signée et ratifiée par dix-sept pays, tous les États de l'OCAM, plus la Somalie, la Mauritanie, le Mali, la Guinée-Conakry et le Burundi. L'Ile Maurice, après son indépendance, a rejoint les 17, pour être le 18ème État associé, avant même que l'Angleterre ne devienne membre du Traité de Rome. Ce sera en 1973. Le Protocole sur le sucre de la Convention de Yaoundé, avait été le motif déterminant pour Maurice, qui était un grand producteur de sucre de canne.

À leur Sommet de Niamey en janvier 1968, les Chefs d'État de l'OCAM avaient pris la décision de demander le renouvellement de la Convention de Yaoundé, appelée Yaoundé I par la suite. Le Président Diori reçut mandat de ses pairs de se rendre dans les capitales des six pays pour sensibiliser leurs autorités, avant le début des négociations. C'est ainsi qu'avant la fin de l'année 1968, il se rendit dans toutes les capitales avec une délégation dont je faisais partie, ainsi que le Directeur des affaires économiques Ambroise FOALEM.

Partout où le Président Diori se rendit, le tapis rouge lui a été déroulé : La Haye, Bruxelles, Luxembourg, Bonn, Paris et Rome. Le Président DIORI était reçu avec tous les honneurs par le Roi de Belgique, le

Grand-Duc du Luxembourg, les présidents de Républiques, le Chancelier allemand et le Président de la Commission européenne. C'était la première fois qu'une telle opération multilatérale était menée. Je peux dire qu'elle a été un succès total, car les arguments du Président Diori, étayés par des dossiers préparés par mon Secrétariat à Yaoundé, ont largement convaincu ses interlocuteurs européens. C'est pourquoi, les négociations pour le renouvellement de la Première Convention de Yaoundé ont été menées tambours battant à Bruxelles, avant de se conclure à Yaoundé, où en mai 1969 fut signée la Deuxième Convention de Yaoundé couvrant la période 1969-1975.

Henri Konan Bédié, ministre des Finances de Côte d'Ivoire, à l'époque Président du Conseil des Ministres des EAMA (États africains et malgaches associés), et Joseph LUNS, ministre de la Coopération de la Hollande, et Président du Conseil des Ministres des six, ont joué les premiers rôles, puisque porte-parole des groupes en présence. C'est la formule dans les négociations et discussions entre l'Europe et les Associés.

Auparavant, le travail accompli par le Secrétariat général des EAMA à Bruxelles que dirigeait notre ami et frère Djim Seydou SYLLA, épaulé par celui de l'OCAM, avait tout huilé avec des dossiers bien préparés, dans tous les secteurs couverts par la Convention. Le clou final fut la réception que j'ai donnée à la Résidence de l'OCAM, à laquelle le Président Ahmadou AHIDJO a assisté, la seule fois m'a dit alors le Chef du Protocole du Cameroun

M. Gabriel HAPPY, à laquelle le Chef de l'État a accepté de se rendre. Une première et une dernière.

Estime et succès pour notre Organisation ne pouvaient être dépassés en ces temps-là. Sur la même lancée, dans la préparation des négociations pour le renouvellement de la Convention de Yaoundé II, l'OCAM s'est à nouveau impliquée en travaillant en étroite collaboration avec le Secrétariat général des EAMA à Bruxelles. Entre temps, l'Europe des Six s'est élargie à neuf membres avec l'entrée de l'Angleterre, de l'Espagne et du Portugal. Ce qui fait que nos rangs se sont également élargis avec l'arrivée des États anglophones, lusophones et les deux Guinées. Les négociations ont été menées avec tous les États qui avaient exprimé l'intention d'être associés à l'Europe des 9. Elles ont abouti à Kingston en Jamaïque, alors que le Président du Conseil des Ministres était Babacar BA, ministre de l'Économie et des Finances du Sénégal. Le Groupe des ACP (Afrique, Caraïbes et Pacifique) s'est alors constitué avec l'Accord de Georgetown, signé dans cette ville en 1975. Le nouveau nom donné au document final signé à Lomé, fut Convention de Lomé, couvrant la période de 5 ans (1975-1980). D'autres conventions furent signées après à Lomé, Lomé II, Lomé III, Lomé IV, avant que la torche ne passât à Cotonou, où fut signé pour 10 ans, en fin juin 2000, l'Accord de Partenariat de Cotonou, tout récemment révisé au Luxembourg et signé pour une autre période de dix (10) ans.

On a vu ainsi, le petit train de 18 wagons qu'étaient les EAMA au début de l'Association avec les Six, à force de persévérance et de diplomatie, devenir un train convoyant 46 (Lomé I), 58 (Lomé II), 65 (Lomé III), 68 (Lomé IV), 70 (Lomé IV bis) et 77 (Cotonou) wagons représentés par le nombre de pays ACP associés à l'Europe qui, de son côté, s'est élargie jusqu'à 28 membres aujourd'hui. Les ACP se retrouvent alors dans un espace qui couvre tous les continents et toutes les mers, en Afrique, dans les Caraïbes et dans le Pacifique. En dehors de l'ONU, il n'existe aucun mécanisme de coopération multilatérale, entre des pays du Nord et ceux du Sud, qui a une telle dimension. Dieu soit loué que l'OCAM fut le premier maillon de cette chaîne-là.

IV

LES CRISES

Des crises plus ou moins profondes ont secoué l'Organisation pendant que j'en étais le Secrétaire général. Cependant, avec le soutien et l'aide efficace du Président en exercice, le Président Hamani DIORI, Dieu nous a aidés à les résoudre :

– entre les deux Congo, Brazzaville et Kinshasa ;

– entre la RCA (République centrafricaine) et le Congo-Zaïre ;

– entre le Tchad et la RCA ;

– entre le Tchad et Air Afrique ;

– au Sujet d'Air Afrique :

o cas du Cameroun ;

o cas du Gabon ;

o cas du Sénégal et de la Côte d'Ivoire ;

– et l'affaire du Biafra.

1. Les deux Congo, Brazzaville et Kinshasa, ont connu un différend dont l'origine remonte aux séquelles de la guerre de sécession du Kantaga et du Kassai. On se souvient que c'est cette tentative de sécession qui a motivé l'envoi, pour la 1ère fois, de Casques bleus de l'ONU en Afrique, dont un contingent de la Fédération du Mali sous le commandement du Colonel Claude Mademba SY, qui

est devenu, au moment des faits, Ambassadeur du Sénégal à Kinshasa. Le chef de la rébellion MULLELE avait trouvé asile à Brazzaville. À la suite de plusieurs contacts, le Président du Congo Brazzaville avait obtenu que MULLELE soit amnistié par le Président MOBUTU. Y avait-il ruse ou malentendu entre les deux Chefs d'État ? Qui le saura, puisque tous les deux ne sont plus de ce monde. MULLELE ayant accepté de se rendre à Kinshasa, le ministre des Affaires étrangères du Congo Kinshasa Justin BOMBOKO est venu le chercher à Brazzaville avec le Bateau du Président MOBUTU, le « Kaniomola ». Le Président NGOUABI a alors dépêché son ministre des Affaires étrangères Edouard Mondjo pour les accompagner dans leur traversée du fleuve Congo/Zaïre.

MOBUTU était en voyage à l'étranger. Dès son retour, il piqua une colère féroce, en prétextant que BOMBOKO l'a trahi en faisant souiller son bateau par un rebelle qui a massacré des fils et filles de son pays. Sans procès, il fit exécuter MULLELE illico. La réaction de NGOUABI et de son Conseil de la Révolution de la République populaire et démocratique du Congo, ne se fit pas attendre. La fermeture du Beach, entendez le débarcadère des bateaux et ferries entre Kinshasa et Brazza, fut immédiatement décrétée. Voilà donc qu'aucun déplacement par le fleuve entre les deux villes n'était plus possible. Cette situation pouvait, du jour au lendemain dégénérer en conflit ouvert ou armé entre les deux pays membres de l'OCAM. C'est pourquoi, dès qu'il fut informé de la question, le Président en exercice de l'OCAM, le Président Diori nous demande, son Secrétaire d'État aux Affaires étrangères Abdou SIDIKOU et moi, de nous rendre sur place et d'essayer d'éteindre rapidement le feu qui couvait entre ces deux pays et leurs chefs. Le Président BONGO, sollicité par le Président Diori, mit son avion personnel, un Grumman, à notre disposition. Dès notre arrivée à Brazzaville où nous étions accueillis par M. Mondjo, je pris contact avec l'Ambassadeur Claude Mademba SY, pour le tenir informé de notre mission, en lui demandant de nous attendre à Kinshasa, du fait que la traversée par le fleuve n'était plus possible. Le Président NGOUABI nous reçut par la suite. Deux heures durant, il nous donna son point de vue sur l'incident. Aussitôt l'audience terminée, direction l'aéroport où nous attendait l'équipage de l'avion présidentiel gabonais. Décollage, ensuite 15 minutes de vol, puis atterrissage, nous voilà à l'aéroport de Njili à Kinshasa où étaient revenus nous accueillir le Chef du Protocole kinois et l'Ambassadeur du Sénégal. Direction la cité de la Nsélé, la Cité de l'OUA où nous attendait le Président Mobutu Sésé Séko. La présence à nos côtés de l'Ambassadeur le Colonel Claude Mademba SY, a aidé à faire décrisper le visage de Mobutu. En effet, Claude qui a connu Mobutu alors qu'il dirigeait le Contingent du Mali, puis du Sénégal après la rupture de la Fédération, devenu Ambassadeur, continuait à sauter en parachute avec celui qui est devenu Président du Congo. Cela explique la chaleur de notre accueil à la Nsélé par le Président Mobutu. Voilà un bon signe pour débuter nos discussions.

À son tour, le Président MOBUTU nous donna sa version des évènements. Il prit tout son temps pour le faire. Aussitôt après, retour à Brazza par avion avant de nous concerter à trois pour arrêter une stratégie à adopter. Ayant entendu les deux protagonistes, il nous sembla utile de marquer le coup en décidant de ne pas quitter Brazzaville avant que le Beach ne soit rouvert à la traversée, entre les deux capitales.

Il nous fallut effectuer plusieurs navettes entre Maya-Maya l'aéroport de Brazza et Njili celui de Kinshasa, pour obtenir l'accord des deux chefs d'État qui ont, entre-temps, eu des entretiens téléphoniques avec le Président Diori. Le Beach allait donc immédiatement être rouvert. Quand j'ai communiqué à la presse l'acceptation des deux Chefs d'État, ce fut un soulagement général dans les deux villes presque jumelles, où l'on se rendait d'un côté comme de l'autre, pour faire son commerce bon marché ou voir des membres de sa famille.

À partir de ce déclic, que constituait la réouverture de la traversée entre les deux rives du Congo, la détente, la responsabilité et la compréhension ont permis que nous aboutissions à un dénouement heureux de la crise entre les deux Congo.

Je peux dire que c'est grâce aux Présidents Diori et Bongo que notre mission a pu obtenir un résultat positif avec l'aide de Dieu. Aujourd'hui ma reconnaissance va à mes deux compagnons, Abdou SIDIKOU et Claude Mademba SY, tous deux rappelés à Dieu pour leur inestimable contribution au succès obtenu ainsi.

2. Entre la RCA et le Zaïre, un différend a éclaté à la frontière entre les deux pays, à Zongo qui se trouve en face de Bangui la capitale centrafricaine, et qui a provoqué des échanges acerbes, par presse et télévision interposées. BOKASSA, ayant traité MOBUTU de garde cercle (synonyme d'agent forestier) et non de militaire comme lui, ayant fait l'École des Enfants de troupe de Saint-Louis et la Guerre d'Indochine. Cela déplut foncièrement au Président zaïrois, qui avait donné à son ami BOKASSA un avion DC3 et une belle montre. Au cours d'un dîner offert par le Président NGOUABI à Brazza, le Président centrafricain a voulu me demander de retourner à MOBUTU ses cadeaux, l'avion et la montre qu'il portait ce jour-là. Il m'a fallu beaucoup de diplomatie pour l'en dissuader et l'apaiser par la suite à l'occasion d'un séjour à Bangui.

Ce même MOBUTU décida de quitter l'OCAM, pendant qu'on était à Lomé pour le Sommet de 1972. Rêve de grandeur, ambition démesurée ou jalousie vis-à-vis des ténors HOUPHOUET et SENGHOR ? On ne le saura jamais. Il a fait cavalier seul par la suite. Dommage pour ce grand pays aux potentialités et ressources immenses, tout le temps traversé par des crises.

3. Le Tchad, la RCA et le Zaïre avaient créé ensemble une organisation sous régionale dénommée Communauté économique de l'Afrique centrale (CEAC), avec siège à Bangui. Cela fit long feu à cause des humeurs et des incompréhensions entre les chefs. À telle enseigne que lorsque BOKASSA décida d'en sortir, il traita TOMBALBAYE de tous les noms. Une crise s'installa entre les deux pays. BOKASSA ira

jusqu'à organiser les « funérailles de TOMBALBAYE ». J'ai moi-même vu, non loin de l'Hôtel Le Safari, l'endroit où la plaque sur la tombe disait « ÇI GIT FRANÇOIS NGARTA TOMBALBAYE, Ancien Président du Tchad ».

Furieux, TOMBALBAYE me dit un jour qu'il peut tout pardonner à son homologue, tout sauf son « enterrement ». Je lui promis, séance tenante, que je ferai tout pour faire enlever la tombe et sa plaque. Lors d'un voyage à Bangui, j'ai pu avec force arguments, amener le Président BOKASSA à comprendre que son geste visait le Président en exercice de l'OCAM, qui était TOMBALBAYE à l'époque. Et que si la tombe n'était pas enlevée, cela pourrait compromettre la tenue du Sommet de l'OCAM que Bangui se préparait à accueillir. L'argument porta si bien qu'avant mon départ de Bangui, l'endroit fut nettoyé et la tombe disparut.

4. Crise entre le Tchad et Air Afrique : alors qu'il était Président en exercice de l'OCAM, après le Sommet de Yaoundé en 1970 où il fut désigné par ses pairs, le Président TOMBALBAYE du Tchad décida de quitter la Compagnie aérienne commune Air Afrique. Il limogea son ministre des Transports Antoine BANGUI, qui venait de participer à un Conseil des Ministres des pays membres d'Air Afrique. Cela fit beaucoup de bruit à l'époque, car c'était la première fois, depuis sa création, que la Compagnie multinationale était ainsi confrontée au départ d'un de ses pays membres. À l'époque, ni le Gabon ni le Cameroun, n'étaient sortis d'Air Afrique. Le Président de la Compagnie Cheikh Boubacar FALL

demanda alors à rencontrer le Président tchadien en se rendant à Ndjamena. Refus net de TOMBALBAYE d'accéder à la demande de Cheikh B. FALL. Je me trouvais à Dakar où j'avais accompagné le Président BONGO, qui y était venu en visite officielle. C'est au cours d'un déjeuner offert par le Président SENGHOR à son ami et frère le Président BONGO, au Palais de la République, que les deux Chefs d'État ont pris la décision que je me rende à Ndjamena pour rencontrer le Président tchadien, porteur d'un message du Président SENGHOR. Dès le lendemain, le Président d'Air Afrique Cheikh B. FALL me mit dans un vol de sa compagnie entre Dakar et Paris, puis sur Ndjamena par un vol UTA (Union des Transports aériens), compagnie privée française dirigée à l'époque par Antoine VEIL, mari de Simone VEIL, femme politique française bien connue, qui a présidé le Parlement européen. Aussitôt arrivé à Ndjamena, le Président qui logeait à la Cité de l'OCAM, construite à l'occasion du Sommet de 1971, et moi à l'Hôtel Le Chari, m'a accordé une audience au cours de laquelle je lui remis la lettre du Président SENGHOR, son collègue du Sénégal, vice-doyen des Chefs d'État de l'OCAM, lettre qu'il lut attentivement. J'ajoutais des commentaires sur le fait que si lui, le Président en exercice de l'OCAM, retirait son pays d'une institution spécialisée de l'OCAM, cela pouvait constituer un précédent dangereux pour l'avenir.

Après déjeuner et discussion, le Président TOMBALBAYE me demanda de lui préparer la réponse à la lettre que le Président SENGHOR lui avait envoyée. Je le fis avec plaisir et sans délai. Il signa le projet que j'ai fait taper par son Directeur de cabinet, mon ami Jean Marcel CLAMOUNGOU. Une fois de plus, Dieu vint à mon secours. En effet, porteur d'un message du Président SENGHOR dont j'avais moi-même rédigé le projet, le destinataire de ce message, le Président TOMBALBAYE, à son tour me demanda de lui préparer la réponse à son frère le Président SENGHOR. Fait unique dans l'histoire de la diplomatie et des relations internationales. Mais je ne réclame nullement mon inscription dans le « Guinness Book of Records ».

C'est ainsi, que deux jours après, je quittais Ndjamena avec, dans mes bagages, la réponse du Président tchadien dans laquelle il acceptait de revenir sur sa décision de se retirer d'Air Afrique.

Ainsi, la diplomatie préventive a eu le dessus sur des humeurs et des incompréhensions qui risquaient de ruiner toutes les actions de coopération menées par des cadres patriotes, compétents et dévoués à l'image de Cheikh Boubacar FALL et tant d'autres.

5. Crise au sujet d'Air Afrique :

a. Les choses ont commencé avec le Sommet de 1970, lorsque le Président AHIDJO, hôte de la réunion, demanda qu'un Comité d'experts soit créé sur la question d'Air Afrique. Il a été sensibilisé par un des directeurs au Secrétariat général de l'OCAM, qui voulait le poste de Secrétaire général d'Air Afrique, occupé depuis la création de la Compagnie par Guibril NDIAYE. Devant la réponse négative du Président Cheikh Boubacar FALL, qui ne voulait pas d'une politisation du poste de Secrétaire général, les choses se gâtèrent. Le Président AHIDJO, qui pensait que c'est Houphouët qui était derrière Cheikh FALL, ne voulait rien comprendre, ni attendre qu'un poste de directeur soit dégagé pour accueillir un de ses compatriotes. Et malgré la médiation de son ami le Président SENGHOR, désigné par ses pairs à la Conférence des Chefs d'État de janvier 1970 à Yaoundé, le Président du Cameroun décida de retirer son pays de la Compagnie Air Afrique. Le Cameroun créa en 1971 sa propre compagnie aérienne dénommée CAMAIR (Cameroun Airlines). On sait ce qu'il en advint. Il a été un gouffre à milliards. Malgré les renflouements successifs opérés et les nombreux changements à la tête de la CAMAIR, celle-ci ne tint pas les airs longtemps.

C'est l'ambition mal placée d'un individu qui a poussé le Président de son pays à prendre une décision lourde de conséquences et contraire aux intérêts de tout un pays.

b. Pour des questions de poste au sein de la Compagnie, un autre pays d'Afrique centrale a claqué la porte d'Air Afrique. Il s'agit du Gabon. Et pourtant, devant les récriminations répétées du Président Omar BONGO, le Président Cheikh B. FALL avait créé une structure confiée à un Gabonais. Il s'agit d'HOTAFRIC, destiné à faire la promotion touristique et hôtelière dans les pays membres d'Air Afrique. Sans oublier que la représentation régionale d'Air Afrique à Dakar était dirigée par Pierre MEBALE, un cadre gabonais, dynamique, jovial et affable que j'ai bien connu. Quand le Gabon quittait le pavillon commun, il créa sa Compagnie Air Gabon. Ses avions flambants neufs transportaient beaucoup plus le ou les Chefs d'État et officiels, que des passagers de Libreville à Orly. Les charges devenant trop lourdes, pour être supportées par les rares ressources et prêts bancaires, la faillite et le dépôt de bilan ne tardèrent pas.

c. C'est grâce au Président BONGO, qu'une grave crise a été évitée de justesse entre la Côte d'Ivoire et le Sénégal, au sujet de la question de la Compagnie multinationale Air Afrique. On se rappelle qu'au moment de sa création en 1962, l'entente était que le siège soit à Abidjan, et que la Direction revienne au Sénégal. C'est d'ailleurs la garantie de ces deux pays seuls qui était acceptée par l'avionneur américain McDonnell-Douglas, pour la vente à crédit de ses avions DC8 et DC10, qui constituaient la flotte d'Air Afrique. Or donc, lors d'une réunion du Conseil d'Administration de la compagnie, l'administrateur sénégalais Amadou SOW, qui venait d'être nommé second administrateur, en dehors de Cheikh FALL, eut des propos déplacés et malveillants, en disant que c'est le Président Houphouët-Boigny qui téléguidait toutes les actions de Cheikh FALL. Les propos ne pouvaient être étouffés, car il y avait, dans la salle de réunion, les administrateurs (2 par pays), ainsi que les directeurs d'Air Afrique.

Pourquoi cette maladresse d'un individu qui a été directeur de banque et président de la Chambre de Commerce de Dakar ? L'avait-on poussé à le dire, ou cela relevait-il de sa propre responsabilité ? D'autant plus que Cheikh FALL avait manifesté son intention de quitter son poste et avait demandé au Président SENGHOR de lui trouver un remplaçant. Ce qui n'était point un secret de polichinelle, c'est que le

Président du Sénégal et son Premier ministre d'alors Abdou DIOUF, soupçonnaient le PDG d'Air Afrique de lorgner le fauteuil présidentiel, après son départ d'Air Afrique. Vrai ou faux ! La bombe lancée par Amadou SOW a failli éclater dans de nombreuses figures. Dieu merci, la réaction rapide et efficace du Président BONGO, a permis de sauver les meubles. Car, dès que je l'ai informé de la gravité de la situation, le lendemain, il a débarqué à Yamoussoukro où se trouvait le Président Félix Houphouët-Boigny. Ce dernier, dès qu'il a appris la bourde de l'administrateur Amadou SOW, avait en effet menacé de quitter toutes les organisations dont la Côte d'Ivoire était membre à côté du Sénégal. Imaginez-vous les dégâts que cela aurait causés à Air Afrique d'abord, mais aussi à l'OCAM, la BCEAO, etc. Inimaginable !

Donc le Président BONGO, arrivé dans la capitale ivoirienne, y est rejoint le même jour par la délégation envoyée par le Président SENGHOR, pour tenter d'éteindre le feu. Il y avait Abdou DIOUF Premier ministre à la tête, Moustapha NIASSE Directeur de Cabinet présidentiel, Babacar BA ministre de l'Économie et des finances, et Bara DIOUF PDG du journal le Soleil, lui-même né en Côte d'Ivoire et dont le père était compagnon de lutte du Président Houphouët-Boigny dans les années de braise du Parti PDCI de Côte d'Ivoire, section du Parti démocratique africain.

L'arrivée des deux missions gabonaise et sénégalaise, après une longue journée de palabres, contribua à apaiser la tension.

Ouf ! Tout le monde a eu chaud.

La Compagnie est restée solide malgré ce grave incident de parcours.

Le « vieux » comme on appelait affectueusement le Président HOUPHOUËT-BOIGNY, après avoir dit ses vérités aux envoyés du Président SENGHOR, qu'il ne reçut du reste pas à déjeuner, contrairement à ses habitudes, renonça à mettre ses menaces de retrait à exécution.

Au moment où Cheikh FALL a quitté Air Afrique, la compagnie était au 17ème rang mondial des compagnies membres de l'IATA. C'est dire le travail immense qu'il a mené pour arriver à ce stade. Cet incident a eu des répercussions sur la succession à la tête de la Compagnie. L'ivoirien Aoussou KOFFI, ensuite le Congolais Auxence IKONGA, n'ont pas pu tenir la barre ou la route. Et c'est l'arrivée du français Yves Roland-Billecart, fourgué dans cette galère par le Premier ministre Rocard, qui a précipité la chute vertigineuse d'Air Afrique. Le mauvais choix de Roland-Billecart, qui eut tout l'air d'un bradage, de vendre toute la flotte d'Air Afrique, qui était pourtant amortie après tant de sacrifices, pour acheter des Airbus, avait été rattrapé et même englouti par la dévaluation du Franc CFA de janvier 1994.

La dette contractée pour l'achat des avions Airbus, se trouva doublée après la dévaluation. L'un des avions flambant neuf, n'a jamais pris de passagers. On l'a parqué au Centre industriel d'Air Afrique à Dakar pendant plusieurs mois. Ceci jusqu'à la liquidation du patrimoine d'Air Afrique. Quel gâchis !

Le gouffre laissé par Rolland-Billecart a fait penser à certains Africains qu'il était en mission pour faire liquider Air Afrique, au profit d'Air France. Je ne suis pas loin de partager cette opinion, car toutes les tentatives de redresser Air Afrique, n'ont pu aboutir. Sir Harry TERVAGUDUM le Mauricien, ancien DG d'air Maurice, puis Alphousseyni KONATE, enfin Papa Sow THIAM, tous deux éminents cadres de la Compagnie, n'ont rien pu faire pour éviter la descente aux enfers de notre Compagnie.

Malgré tout, un projet de nouvelle Air Afrique avait été concocté par le Président de la BCEAO l'Ivoirien Charles Konan Banny. Le dossier confié, à l'occasion du Sommet spécial des Chefs d'État membres d'Air Afrique à Brazza, aux présidents Wade et Gbagbo, a été enterré dans les tiroirs des palais présidentiels du Sénégal et de la Côte d'Ivoire. L'un et l'autre voulant chacun créer et implanter sa compagnie nationale avant de recréer une compagnie à la dimension de la défunte Air Afrique. On sait ce qu'il en a été.

Comme des papillons dont la durée de vie est limitée à quelques jours, les compagnies Air Sénégal et Air Ivoire n'ont volé que le temps de l'inauguration de quelques lignes, puis elles ont été clouées au sol. On peine encore à les retrouver dans les airs en Afrique et sur les lignes vers les États-Unis et les capitales européennes, comme le faisait Air Afrique.

Le Président d'Air Afrique m'a toujours associé aux évènements importants de la vie de la compagnie. En tant que compatriote, mais aussi en tant que grand frère, conscient du fait que tous deux, nous devons nous épauler pour réussir les missions qui nous sont confiées, lui à Air Afrique, et moi à l'OCAM, donc membres de la même famille.

Ainsi, il me désigna pour conduire la délégation qui devait assurer l'ouverture de la première ligne de la compagnie entre Douala et Rome. Nous eûmes d'ailleurs l'occasion d'être reçus en audience par le Saint-Père. C'était en 1972. Au premier vol inaugural du DC10 d'Air Afrique à Dakar, j'eus l'heureux plaisir d'y avoir été convié et mon voisin de siège était notre ami bien connu, marabout et homme d'affaires Djily MBAYE.

Adieu Air Afrique, qui était des décennies durant, l'exemple réussi et loué d'une entreprise multinationale africaine, un « success story ». On aurait pu la ressusciter pour, à côté d'Ecobank International (une création de Gervais Djondo Koffi du Togo et Chief Lawson du Nigéria), être montrée comme des icônes et exemples réussis d'intégration africaine. Surtout si l'on sait, comme me l'a rappelé mon ami et jeune frère Sassy NDIAYE, ancien Directeur Afrique et Moyen-Orient à l'IATA (International Air Transport Association), que pendant la période faste d'Air Afrique, le Président Cheikh Boubacar FALL et ses cadres ont souvent été sollicités pour des conseils par des pays comme le Kenya et la République démocratique du Congo, qui ont voulu s'inspirer du modèle réussi d'Air Afrique.

Décidément, on n'est jamais prophète ou messie dans son propre pays. Hommage ne pouvait ainsi être plus éloquent pour le Président Cheikh Boubacar FALL.

6. La sécession du Biafra de la Fédération du Nigéria, décrétée par le Général Emeku ODJUKU en 1967, a quelque peu secoué l'espace de l'OCAM. En

effet, deux pays membres, le Gabon et la Côte d'Ivoire, soutenus par la France, sous le Président de Gaulle, dont le sinistre Jacques Foccart était le conseiller aux Affaires africaines, avaient pris position en faveur du Biafra. Le Gabon a même été jusqu'à la reconnaissance formelle du Biafra. Il était devenu le véritable centre de ravitaillement du Biafra, en armes, munitions et vivres. La guerre qui a mis fin à cette entreprise, menée par le Président Yacoub GOWAN comme Chef de l'État du Nigéria, a laissé des drames dans ce pays. Les enfants biafrais accueillis et transportés au Gabon, par des organisations humanitaires complices, n'ont pas manqué d'émouvoir des cœurs sensibles dans tous les pays, en Afrique et dans le monde. C'est au Sommet de l'OCAM à Lomé en 1972, où le Président Gnassingbé EYADEMA avait reçu le Président GOWAN Chef de l'État du Nigéria comme invité d'honneur, que la réconciliation entre le Nigéria et le Gabon d'un côté, et la Côte d'Ivoire de l'autre, eut lieu. La poignée de main entre les trois Chefs d'État à côté de celui du Togo, reste ancrée dans les mémoires de tous ceux qui étaient présents au Palais des Congrès de Lomé.

Cela est aussi à mettre à l'actif du Président EYADEMA hôte du Sommet, mais aussi à celui de l'OCAM, avec le Président L.S. SENGHOR, comme Président en exercice.

Les réunions au Sommet ont souvent été l'occasion, par le dialogue et la conciliation, de régler des différends entre les États membres. C'est ainsi que le Président SENGHOR, lors d'un Sommet de l'UAM qu'il avait accueilli, aida au règlement d'un différend ayant opposé le Niger et le Bénin au sujet de l'ile de Lété.

7. Un évènement qui s'est produit au Sommet de l'île Maurice en 1973 a eu des répercussions positives dans nos rangs. C'est la présence comme invité d'honneur du Chief Minister des Seychelles James MANCHAM. Cette île de l'Océan indien était à l'époque colonie britannique. L'invitation m'avait été suggérée par le ministre des Affaires étrangères de Maurice Gaétan DUVAL.

La présence à cette conférence de M. MANCHAM a servi de catalyseur et a contribué à convaincre notre hôte que son pays devait accéder à l'indépendance, pour pouvoir avoir une large ouverture sur l'extérieur, en adhérant à l'ONU, l'OUA et l'OCAM, et en devenant associé aux Conventions de Yaoundé conclues avec l'Union européenne. Le séjour que je fis à Mahé capitale des Seychelles, après le Sommet de Port-Louis capitale de Maurice, m'a donné l'occasion, en présence de ministres seychellois, d'insister sur la vocation de l'île Maurice à quitter son statut, pour être à côté des autres États du continent africain, dans toutes les instances du monde.

8. Le Sommet des Chefs d'État a longtemps été le lieu approprié pour discuter de questions relatives à l'intégration africaine, sous-régionale et régionale. Qu'il s'agisse des problèmes de la BAD, de la Banque islamique de Développement, de la CEAO devenue Union monétaire, puis économique et monétaire de l'Afrique de l'Ouest UEMOA, et de l'UDEAC (Union douanière de l'Afrique Centrale). Les thèses qui s'affrontaient entre les Chefs d'État étaient de savoir

s'il fallait aller individuellement dans une nouvelle organisation face au grand Nigéria qui était déjà une fédération, ou se regrouper avant de retrouver le Nigéria. SENGHOR était l'un des tenants de cette idée de se regrouper avant de se retrouver avec ce géant. C'est finalement en 1975 que la création de la CEDEAO (Communauté économique des États de l'Afrique de l'Ouest) a tranché la question lors d'une rencontre à Lomé. Le siège choisi était Abuja au Nigéria. Le Togo de son côté accueillait le Fonds dirigé au début par M. TUBMAN du Libéria, remplacé par la suite, par Mahanta FALL du Sénégal. Ce fonds, dont les structures ont entre-temps changé, participe au financement de projets régionaux dans l'espace CEDEAO, comme le fait la BOAD (Banque ouest-africaine de Développement) dans l'espace de la BCEAO.

Il faut aussi ajouter à l'actif de l'OCAM :

– la suppression des visas entre ses pays membres ;

– la convention créant l'ICAM (Institut culturel africain malgache) du 30 janvier 1971, adoptée à Fort Lamy ;

– la convention sur le règlement des différends résultant des conventions conclues au niveau de l'OCAM ;

– la Convention portant création et statut du Fonds de Garantie et de coopération (FAGACE), adoptée le 10 février 1977 à Kigali.

V

DÉCLIN ET DISPARITION

La réaction spontanée du Président Oumar BONGO lorsque je lui annonçai mon intention de ne pas demander le renouvellement de mon mandat au Secrétariat général de l'OCAM au Sommet de Bangui en 1974, était de me dire : « Toi tu nous connais tous. Avec ton sourire tu arrives à nous parler franchement et nous dire des vérités que nos proches collaborateurs ne peuvent pas nous dire. Si tu quittes, celui qui te remplacera mettra du temps à nous connaître. Et pendant ce temps tout peut arriver ! » Je sais à quoi le Président gabonais faisait allusion. C'était à un début de conflit entre lui et son collègue zaïrois MOBUTU. Il s'agissait du fameux combat de boxe des poids lourds entre Mohamed ALI et Georges FOREMAN qui a eu lieu à Kinshasa en 1974. Furieux à l'extrême, le Président BONGO m'a dit que le premier choix pour accueillir ce combat était Libreville. Mohamed ALI avait déjà décidé de venir s'entrainer et s'adapter au climat avant ce combat de poids lourds dans la capitale gabonaise. C'est peu de temps après, qu'il apprit que MOBUTU est passé par là et a fait des offres plus alléchantes au promoteur Don KING à la crinière bien spéciale, qui a décidé de déplacer le lieu de la rencontre à Kinshasa au lieu de Libreville. MOBUTU, qui à l'époque pensait être l'« élu de Dieu », sorti des nuages comme le montrait sa télévision zaïroise, qui pouvait tout se permettre, a dû casquer gros. À la recherche de notoriété, il voulait que l'histoire retienne que c'est le Zaïre son pays, qui a été le premier pays africain à organiser une rencontre de boxe professionnelle poids lourds, avec la ceinture de WBA (World Boxing Association) en jeu.

Même s'il a réussi, aujourd'hui, quel est le Congolais qui se souvient de cet évènement, ou qui peut constater ce qu'il a apporté à son pays. Par des arguments politiques et diplomatiques, j'ai pu apaiser la colère du Président et l'amener à accepter qu'il y a pour l'Afrique d'autres défis, plus importants qu'un combat de boxe professionnelle, et qu'il est préférable de se positionner pour les affronter et les remporter le moment venu. Et que la jeunesse de notre Continent lui sera alors redevable. Mon frère et ami BONGO me rétorqua : « c'est vrai tu as raison. Je ne ferai rien, j'oublie l'incident ». Ainsi fut dit et fut fait. BONGO n'en parlera plus. Il a par la suite et jusqu'à sa mort, été le médiateur dans des conflits ou différends en Afrique centrale et en Côte d'Ivoire.

N'a-t-il pas accueilli des années durant la veuve de Thomas SANKARA. De même pour le Chef de l'Etat de Sao Tomé et Principe, M. Miguel TRAVOADA, après son départ de la Présidence de son pays.

À Bangui, à la Conférence des Chefs d'État de 1974, ma demande fut acceptée. Maurice allait fournir le nouveau Secrétaire général et le Siège serait transféré de Yaoundé à Bangui, car le Cameroun avait décidé de quitter l'Organisation peu de temps avant le Sommet. Le Gabon mit à exécution l'avertissement du Président BONGO, dont j'ai parlé plus haut, et quitta à son tour l'OCAM. Les deux pays poids lourds en Afrique centrale, venaient de sortir d'Air Afrique. C'est donc une Organisation affaiblie par ces départs qui allait se retrouver à Bangui.

La personne choisie par le Premier ministre mauricien Siwasegour RANGOULAM fut Sydney MOUCHIA, après désistement de l'ancien directeur du tourisme, qui a préféré rester dans son île de charme et de rêve, destination préférée pour de nombreux touristes.

À Bangui, les Chefs d'État ont pris aussi la décision de choisir le Président rwandais Juvénal HABYARIMANA comme Président en exercice. C'est d'ailleurs à Kigali, après un voyage rocambolesque que mon équipe et moi, Ali Badara TALL directeur de Cabinet, Hounkponou COSME Contrôleur financier, ainsi que le Directeur de Cabinet du Président SENGHOR le Président en exercice sortant Moustapha NIASSE, Sydney MOUCHIA, le nouveau secrétaire général, où nous nous rendîmes via Bruxelles et Kinshasa, pour l'accomplissement des formalités d'usage de passation de service. À cette occasion, nous reçûmes des mains du Président HABYARIMANA, les décorations à l'ordre national des mille collines, à l'exception de MOUCHIA.

C'est au mois d'août de la même année que je quittais Yaoundé, non sans avoir rencontré, pour mon audience d'adieu le Président Ahmadou AHIDJO. À mon départ, Sadou DAOUDOU, un ami de longue date, ministre des Forces armées, et le ministre des Affaires étrangères, étaient venus me dire au revoir à l'aéroport de Yaoundé. Je suis parti du Cameroun pour

Dakar, avant de rejoindre le Canada où je venais d'être nommé Ambassadeur du Sénégal. Le Cameroun est un pays de charme que j'ai beaucoup aimé. Je le considérais comme ma seconde patrie en Afrique, pour y avoir tissé dans toutes les sphères, des amitiés comme l'actuel sultan de Foumban Mbombo NJOYA. Avec lui, Sadou DAOUDOU, Jean Claude GANGA et moi, allions voir des matches de football, debout pendant deux fois 90 minutes, au Stade militaire avant la construction du Stade Ahmadou AHIDJO, où s'est tenue la finale de la Coupe d'Afrique de football en 1972. Le grand frère de Issa HAYATOU Président de la CAF (Confédération africaine de Football), Amadou HAYATOU, à l'époque Secrétaire général de l'Assemblée nationale et jeune frère du Lamido de Garoua Abdoulaye, était aussi un ami. C'est lui qui m'appelait cousin. De là est venu le fait que j'appelle Issa « cousin ».

À ceux-là j'ajouterai, Moussa YAYA Président de l'Assemblée nationale, Ousmane MEY Gouverneur de la Région du Nord-Cameroun, Abdoulaye YADJI ministre d'État, Mamadou BAKO, Maire de Garoua, Alfred EKOKO de la Banque Centrale des États de l'Afrique centrale, qui m'a initié au tennis lorsqu'il était le Président de la Fédération camerounaise de Tennis. À cette époque, Yannick NOAH, élève de cinquième au Lycée, venait taper sur la balle jaune, au Tennis Club, après ses heures de cours. Tous les ans, le Président AHIDJO m'invitait à Garoua pour la prière et la fête de la Korité. Il le faisait avec Diakha et a continué avec moi jusqu'à mon départ. Tout cela laisse des traces que les vicissitudes politiques ne peuvent effacer d'un trait de plume ou d'un battement d'ailes.

Ismaël Amry SUED, conseiller du Président HABYARIMANA, a pris la succession de MOUCHIA. Cela a duré jusqu'à la dissolution de l'organisation intervenue en 1984 à Cotonou.

VI

Ce qui reste : les enfants de L'OCAM

Au moment où je quittais l'Organisation, il y avait une constellation de dix-sept institutions, écoles, organes, conseils ou comités créés ou rattachés à l'OCAM.

Certains depuis lors ont disparu aujourd'hui. D'autres continuent d'exister, car leur utilité a convaincu les États qui en sont membres, de les maintenir. Il s'agit de :

- Air Afrique jusqu'en 2008 ;
- L'École inter-états de sciences et de médecine vétérinaire de Dakar ;
- L'École des ingénieurs de l'équipement rural de Ouaga, devenue E3. Un des diplômés major de la première promotion rencontré récemment à l'occasion d'un décès, m'a rappelé que c'est moi qui lui ai remis son diplôme.
- L'OAPI qui se trouve à Yaoundé, qui a élargi ses membres et a muté pour englober la propriété intellectuelle et pas seulement industrielle ;
- L'Institut d'informatique de Libreville ;
- L'Institut de Formation de statisticiens à Kigali ;
- Le CAMES à Ouaga ;

• L'École d'Architecture à Lomé ;

• Le FAGACE à Cotonou.

Et les Hommes qui m'ont accompagné dans cette merveilleuse aventure. Que sont-ils devenus ?

• **Albert EKUE**, qui était Directeur des Affaires culturelles, a été le premier directeur de l'École de Bordeaux, une création de l'AGECOP ou ACCT qui formait des agents de la coopération culturelle. Par la suite, EKUE s'est retrouvé jusqu'à sa retraite à Cotonou, où il a enseigné à l'Université du Bénin, Directeur du Département de la Culture à l'OUA, à Addis-Abeba.

• **Ali Badara TALL** qui a dirigé le Cabinet de Diakha et que j'ai maintenu à ce poste, après son départ de Bangui où il a supervisé et organisé le transfert du Siège, s'est retrouvé quelque temps avec Seydou Djim SYLLA, ancien Secrétaire général des EAMA à Bruxelles, devenu Directeur à la BADEA à Khartoum. Cela n'a pas duré plus de trois hivernages. Ensuite, Ali Badara a rejoint la CEA à Addis-Abeba. Il m'a reçu chez lui avec sa charmante et dévouée épouse Fatou, dans la capitale éthiopienne. Décédé il y a 5 ans, son corps repose à Bobo-Dioulasso au Burkina, où je me suis rendu lors d'un de mes séjours, pour voir sa mère. Qu'Allah l'accueille en Son Paradis Firdawsi.

• **Houkponou COSME** le contrôleur financier du Bénin qui a pris sa retraite au Sénégal et y est demeuré jusqu'à son rappel à Dieu.

• **Ambroise FOALEM** qui dirigeait le Département économique, s'est retrouvé Secrétaire général de l'UDEAC, qui avait son Siège à Bangui en RCA.

• **AMOUZOU** le comptable. Il était du Togo.

• **Robin ANDRIANOSOLO**, je l'ai dit plus haut, a rejoint la CEA à Addis-Abeba où il s'est retrouvé avec Ali Badara TALL, alors que ADEDEJI, un cadre nigérien en était le Secrétaire exécutif.

• **Moustapha NDIAYE**, Chef de la Division administrative, un compatriote dont l'épouse Ndèye était très amie à la mienne, s'est retrouvé à l'Agence panafricaine de presse. Une création de l'OUA, que notre ami feu Cheikh Ousmane DIALLO a dirigé un moment à Dakar.

• **Arona NDOUR,** Chef de Cabinet chargé du Protocole, que j'avais fait venir de Dakar, un ami de longue date, qui a accepté de travailler avec moi, au Canada, à l'ONU lorsque j'ai été Ambassadeur, à Ottawa et à New York. Nous nous sommes retrouvés après, dans mon cabinet au Ministère du Commerce, du 2 janvier 1981 au 2 avril 1983.

• **Kaya, puis Abessola** à la division de la presse, tous deux camerounais, sont restés à Yaoundé après le transfert du Siège à Bangui, après le retrait du Cameroun.

• **Max DIAW** du Sénégal, a servi dans le Département de la Culture, dirigé par EKUE.

• **Lucien KABORE** de la Haute-Volta (Burkina), Chef de la Division des transports, qui manageait l'équipe de football de l'OCAM, a suivi le transfert à Bangui, avant de rentrer dans son pays.

• **KEBIDI** du Congo (Zaïre) et **Samba Diao THIAM,** du Service de presse, sont allés à Bangui après mon départ. Il en est de même, du conseiller juridique centrafricain, qui se retrouvait ainsi dans son pays.

À ceux-là et à tous les autres, quelles que soient les fonctions qu'ils ont occupées au Secrétariat, chefs de divisions, agents, secrétaires, chauffeurs, cuisinier, maître d'hôtel ou domestiques, ils m'ont apporté leur loyale et précieuse collaboration, sept années durant. Qu'ils trouvent ici l'expression de mon infinie gratitude, car sans eux, peut-être que l'OCAM n'aurait pas atteint le niveau où nous l'avons portée ensemble de 1968 à 1974. À ceux qui ne sont plus de ce monde, que Dieu ait pitié d'eux et leur accorde toute sa clémence.

VII

CONCLUSION

Les pères fondateurs de l'UAM et de l'OCAM avaient une grande et noble vision. Ils ont pris leurs responsabilités avec courage, beaucoup de lucidité et de confiance en l'avenir de l'Afrique. Ceux qui se sont retrouvés à la tête de leurs Etats à l'accession à l'indépendance, ont pour la plus grande partie, la chance :

- Soit d'avoir été formés et éduqués dans des écoles, lycées ou universités qui existaient avant 1960 ;

- Soit d'avoir milité dans des Partis politiques comme le RDA, qui avait des sections dans plusieurs territoires, ou dans des syndicats comme l'UGETAN implantée elle aussi dans tous nos pays. Le mouvement des élèves et étudiants a joué un rôle historique dans la prise de conscience des jeunes dans tous nos pays à l'époque coloniale. Au Sénégal, dans les lycées, Faidherbe de Saint Louis, Van Vollenhoven de Dakar, et à l'École normale William Ponty. Au Lycée Van Vollenhoven de Dakar, étant élu délégué des élèves de l'internat, j'ai dirigé en 1956, alors que j'étais en Terminale de la Série Sciences expérimentales, une grève du restaurant, qui a duré dix (10) jours. C'est avec la médiation efficace du Président du Grand Conseil Boissier PALUM que nous avons, nous fiant à sa parole, mis fin à la grève, pour reprendre le chemin des réfectoires. Il n'y a pas eu de vitres brisées, et aucun cours n'a été raté par mes camarades grévistes. À la fin de l'année scolaire, comme nous l'avait promis le Président Boissier, toute la Direction de l'établissement a été remplacée. Du Proviseur jusqu'à l'intendant. Ainsi, ce Lycée a été le premier à être décolonisé, avec la nomination de son premier proviseur sénégalais en la personne de M. Aliou FATY. Mais c'est surtout au niveau universitaire, en France et en Afrique, que la FEANF et l'UGEAO ont été le creuset bouillant de la lutte anticoloniale. Ce qui n'a pas empêché que de grands cadres soient sortis de leurs rangs :

- **Daniel CABOU**, premier sénégalais entré au concours direct et sorti de l'École nationale de la France d'Outremer, suivi quelques années après par Abdou DIOUF, ancien Président du Sénégal et Secrétaire général de la Francophonie ;

- **Telli DIALLO**, le premier Secrétaire général de l'OUA, qui a fait Ponty avant d'aller au Secrétariat général du Gouverneur général de l'AOF. Telli on le sait, a connu une fin tragique au Camp Boiro de Conakry.

- Pleins d'autres exemples de cadres, magistrats, administrateurs civils, enseignants, médecins et avocats peuvent être cités, à l'Ouest comme en Afrique centrale.

- Il y avait aussi ceux qui ont embrassé la carrière militaire en passant par le Prytanée (Saint-Louis, Dabou en Côte d'Ivoire, Kati au Mali, ainsi que Brazzaville).

Ceux-là se sont retrouvés compagnons d'armes sur les champs de bataille en Indochine ou en Algérie. Toutes occasions qui ont contribué à construire une administration sur laquelle pouvait s'appuyer une superstructure constituée des trois éléments : le Gouvernement/Exécutif, l'Assemblée et la Justice qui sont les piliers et les trois pouvoirs d'un État de droit.

Personne ne pouvait donc bâtir un Etat sans l'apport combien précieux de tous ces cadres, qui ont constitué le soubassement des administrations. Cela était vrai hier. Ça l'est davantage aujourd'hui avec les problèmes et défis nouveaux plus ardus et plus complexes. Qu'il s'agisse des questions liées :

– aux changements climatiques et à l'environnement ;

– aux négociations commerciales entamées à l'OMC ;

– à la lutte contre le terrorisme ;

– à la prolifération et l'utilisation de l'arme nucléaire ;

– aux questions liées aux migrations.

L'OCAM, donc a marqué son temps en étant pionnière de l'intégration africaine en Afrique, comme cela a été décrit dans le corps de ce document et largement. Les cadres formés dans ses écoles, instituts ou centres, ont contribué et continuent de le faire, dans le développement de leurs pays ou ont été mis à la disposition d'organisations multinationales en Afrique ou dans le monde.

L'OCAM, son Secrétariat et ses institutions spécialisées, ont aussi été, et cela n'est pas négligeable, le tremplin ou la rampe de lancement pour les serviteurs que nous avons été : Albert EKUE, Ali Badara TALL, Ambroise FOALEM, Robin ANDRIA-NOSOLO, Moustapha NDIAYE, Arona NDOUR et moi-même. Le chemin pris par chacun d'entre nous après avoir quitté l'Organisation a été porteur d'espoir parce que basé sur une expérience variée et exaltante de plusieurs années au service de la coopération et de l'intégration en Afrique.

Qu'y a-t-il de plus noble et exaltant pour un homme ou une femme que d'avoir passé une bonne partie de sa vie en œuvrant pour l'installation de la paix, de l'entente et de la coopération entre les peuples et leurs pays ?

Par la Grâce de Dieu, en très peu de temps, j'ai pu dès mon arrivée à la tête de l'Organisation, bénéficier de la confiance et du soutien sans faille de tous les chefs d'Etat des pays membres. À commencer par celui du Sénégal, le Président Léopold S. SENGHOR, qui m'a mis en selle lors du Sommet de Niamey, en janvier 1968. Ensuite le Président Ahmadou AHIDJO du Cameroun, le pays hôte où se trouvait le siège de l'OCAM à Yaoundé. J'étais le seul chef d'une Organisation installée dans la capitale camerounaise à être invité à Garoua dans la résidence du Président du Cameroun.

La confiance et le soutien de mes chefs se sont manifestés à mon égard durant les sept années qu'a duré ma mission à la tête de l'Organisation. S'était-il agi de missions ou de participations à des conférences ? Ou même de visites officielles. C'est ainsi que certains d'entre eux ont mis à ma disposition leurs avions de commandement, dont le Président AHIDJO, pour un voyage Ndjamena-Yaoundé et retour, lors du Sommet qui s'est tenu à Ndjamena en 1971. Il m'a aussi amené dans son avion à Addis-Abeba à un Sommet de l'OUA, auquel je devais prendre part.

Le Président Omar BONGO l'a fait pour une mission de médiation entre les deux Congo dont j'ai parlé, dans la rubrique des crises auxquelles l'OCAM a été confrontée. Et aussi lors d'une visite officielle qu'il effectuait au Sénégal.

Le Président BOKASSA, pour un voyage Bangui-Yaoundé après le Sommet de 1974 tenu dans la capitale de son pays.

Le Président SENGHOR, en ce qui le concerne, a bien voulu mettre son avion à ma disposition pour amener les membres de mon secrétariat à Port-Louis en 1973, où devaient se réunir les Chefs d'État de l'OCAM, avec escale d'une nuit à Nairobi. Ceci à l'aller comme au retour.

Le Président Félix HOUPHOUËT-BOIGNY se trouvant à Yamoussoukro, a dépêché un hélicoptère à Abidjan, pour mon épouse et moi, invités à le rencontrer et à déjeuner avec lui, comme je l'ai fait maintes fois.

Le Président MOBUTU m'a fait visiter les villes de Lubumbashi et Mbujimaï par son Grumman de commandement.

De son côté, le Président EYADEMA m'a fait transporter de Lomé à Abidjan pour rattraper un vol d'Air Afrique, pour me rendre à Dakar.

Tout cela parce que tous les Chefs d'État à l'époque étaient motivés par les objectifs qu'ils s'étaient fixés en créant l'OCAM, et qu'ils étaient prêts à tout mettre à ma disposition pour réussir les tâches confiées à l'Organisation.

Je l'ai dit plus haut, le Président Hamani DIORI a effectué d'un trait la tournée des capitales européennes en 1968, pour plaider en faveur de la reconduction de la Convention de Yaoundé I, qui liait l'Europe des Six et les EAMA.

Foi et mystique étaient les choses les mieux partagées, en ces temps-là, par nos chefs fondateurs d'États et précurseurs de l'intégration. C'est aussi parce qu'ils avaient semé les bonnes graines à l'époque, que par la suite d'autres organisations ont vu le jour dans notre Continent, et entre l'Afrique et d'autres continents ou pays autour de domaines comme l'Islam, la langue française, pour donner naissance à l'OCI (Organisation de la Coopération islamique) et à l'Organisation internationale de la Francophonie.

L'Histoire a déjà noté et retenu, et elle continuera d'apprécier le rôle éminent et la détermination farouche de ces chefs-là dans l'intégration, étape cruciale vers l'unité africaine. Précurseurs, pionniers et visionnaires, nos Chefs d'Etat ont mis les fondations politiques et juridiques des Institutions et organisations destinées à promouvoir l'intégration. Ils ont par la suite apporté leur concours positif pour la naissance d'une Organisation continentale à Addis-Abeba en mai 1963. Après eux, leurs successeurs ont continué et amélioré l'édifice en procédant à des réformes à l'OUA au Sommet de Lomé en 2000. Dieu, par sa grâce infinie, m'a permis d'avoir été participant et d'être témoin de ces deux évènements majeurs à Addis-Abeba, en 1963 et à Lomé en 2000.

L'avenir va ouvrir la voie et donner la chance à des dirigeants et intellectuels de l'Afrique de poursuivre et d'améliorer cette œuvre, pour ambitionner de voir un jour, avec l'aide de Dieu, les États-Unis d'Afrique. Le chemin est long et parsemé d'embûches. Mais il n'y a pas de place pour un autre chemin.

Hors-texte

CURRICULUM VITAE DE SON EXCELLENCE L'AMBASSADEUR FALILOU KANE

Nom : KANE

Prénom : Falilou

Date de naissance : 14 Juillet 1938

Lieu de naissance : Joal (Sénégal)

Situation de famille : Marié et père de 7 enfants

ÉDUCATION

- École primaire de Joal (1944-1949) ;
- Collège Blanchot (1949-1953) ;
- Lycée Van Vollenhoven (1953-1956) ;
- Faculté de Droit de l'Université Cheikh Anta Diop de Dakar (1956-1960) Deuxième prix de Droit Civil des concours des facultés de Droit en (1958) ;
- Licence en droit et sciences économiques (1960).

EXPÉRIENCE PROFESSIONNELLE

▪ Entrée au Ministère des Affaires étrangères : 29 août 1960 ;

▪ Ministre plénipotentiaire à l'Ambassade du Sénégal à Washington et à la Mission du Sénégal auprès des Nations Unies, de mai 1966 au 22 décembre 1967 ;

▪ Secrétaire général de l'O.C.A.M. (Organisation Commune africaine et malgache) du 1er avril 1968 au 10 décembre 1974 (Siège Yaoundé-Cameroun) ;

▪ Ambassadeur extraordinaire et plénipotentiaire de la République du Sénégal au Canada, du 25 mars 1975 à octobre 1979 ;

▪ Ambassadeur Représentant Permanent du Sénégal auprès de l'O.N.U. (octobre 1979-octobre 1980), et Président du Comité de l'O.N.U. sur l'exercice des droits inaliénables du peuple palestinien (1979-1980) ;

▪ Ambassadeur en Tunisie (octobre 1980 - décembre 1980) ;

▪ Ministre du Commerce (2 janvier 1981-2 avril 1983), Président du Conseil des ministres de la C.E.A.O. (Communauté économique des Etats de l'Afrique de l'Ouest) en 1982 ;

▪ Vice-Président de l'Assemblée nationale, député (avril 1983 -juin 1984) ;

▪ Membre du Comité national sénégalais pour la Cour Internationale de Justice de la Haye en 1983 ;

▪ Ambassadeur du Sénégal aux États-Unis d'Amérique (29 août 1984 au 10 août 1988). En même temps accrédité au Mexique, en Argentine et en Haïti ;

- Ambassadeur du Sénégal en Belgique, aux Pays-Bas, au Luxembourg et auprès des Communautés européennes (septembre 1988 -mars 1996) ;

- Conseiller spécial du Président Abdou DIOUF (juin 1996 -février 2000) ;

- Président du Groupe de réflexion du Sénégal sur l'Avenir des relations Union européenne/ACP à l'aube du 21ème siècle (13 mars 1997-23 juin 2000) ;

- Conseiller spécial du Premier ministre Moustapha NIASSE du 11 mai 2000 au 3 mars 2001 ;

- Membre de la Délégation du Sénégal pour les négociations de l'Accord de Partenariat ACP-UE signé à Cotonou le 23 juin 2000 ;

- Président d'IRIS Consulting International ;

- Président du RISELA (Réseau Indépendant pour la Supervision d'élections en Afrique) ;

- Membre du Conseil de direction de l'Institut Africain de la Renaissance (Gaborone Botswana) ;

- Membre du Groupe de travail du projet initié par le PNUD « Quels futurs possibles pour l'Afrique au Sud du Sahara ? » publié dans AFRIQUE 2025 (Kartala).

- Conseiller spécial du Président de l'Assemblé nationale Moustapha NIASSE (depuis le 1er août 2012) ;

- Grand-Croix de l'Ordre national du Lion – Avril 2012

DÉCORATIONS :

Maroc, Cameroun, Tchad, Zaïre (RDC), Togo, Niger, RCA, Côte d'Ivoire, Gabon, Rwanda, Burkina, Corée, Belgique.

SPORTS :

Basket, football, tennis, Golf

CHARTE DE L'ORGANISATION COMMUNE AFRICAINE ET MALGACHE

Les chefs d'État et de Gouvernement africains et malgache, réunis à Tananarive, du 25 au 27 juin 1966,

DÉSIREUX à l'esprit, aux principes et aux objectifs de la Charte de l'Organisation des Nations Unies et de l'Organisation de l'Unité Africaine,

CONSIDÉRANT la décision de la conférence des Chefs d'État Africains et Malgache tenue à Nouakchott en février 1965,

CONSIDÉRANT les liens historiques, économiques, sociaux et culturels existent entre leurs pays respectifs,

CONSIDÉRANT la nécessité d'harmoniser leurs politiques économique, sociale et culturelle en vue de maintenir des conditions de progrès et de sécurité :

SONT CONVENUS DE CE QUI SUIT :

ARTICLE 1.- Les Hautes Parties contractantes constituent par la présente Charte une organisation dénommée « ORGANISATION COMMUNE AFRICAINE ET MALGACHE » (OCAM). Cette Organisation est ouverte à tout État africain indépendant et souverain qui en fait la demande et accepte les dispositions de la présente Charte.

L'admission d'un nouveau membre au sein de l'OCAM se fait à l'unanimité des membres de l'Organisation.

ARTICLE 2.- L'OCAM est fondée sur la solidarité qui unit ses membres.

Elle a pour but dans l'esprit de l'OUA de renforcer la coopération et la solidarité entre les États africains et malgache, afin d'accélérer leur développement économique, social, technique et culturel.

ARTICLE 3.- À cet effet l'organisation s'efforce d'harmoniser l'action des États membres dans les domaines économique, social, technique et culturel, de coordonner leurs programmes de développement et de faciliter entre eux, dans le respect de la souveraineté et des options fondamentales de chaque État membre, des consultations en matière de politique extérieure.

Institutions et Organes

ARTICLE 4. – Les Institutions de l'Organisation sont :

– la Conférence des Chefs d'État et de Gouvernement ;

– le Conseil des Ministres ;

– le Secrétariat Général Administratif.

I. CONFÉRENCE DES CHEFS D'ÉTAT ET DE GOUVERNEMENT

ARTICLE 5. – La Conférence des Chefs d'État et de Gouvernement est l'instance suprême de l'Organisation.

Elle est composée des Chefs d'État et de Gouvernement des États membres, ou de leurs représentants dûment mandatés.

ARTICLE 6. – La Conférence étudie les questions d'intérêt commun et prend ses décisions conformément aux dispositions de la présente Chart et du règlement intérieur de la Conférence.

ARTICLE 7. - La Conférence des Chefs d'État et de Gouvernement se réunit une fois par an en session ordinaire.

A la demande d'un État membre et sou réserve de l'accord formel des deux tiers des membres de l'Organisation, la Conférence se réunit en session extraordinaire.

L'Ordre du Jour d'une session extraordinaire ne compte en principe que les questions pour lesquelles la conférence a été convoquée.

ARTICLE 8. – La Conférence établit et adopte son règlement intérieur.

ARTICLE 9. – Chaque Etat-Membre dispose d'une voix.

Tout État membre peut se faire représenter par un autre État membre avec droit de vote pour ce dernier au lieu et place du mandant.

Un État membre ne peut représenter qu'un seul autre État membre.

Le quorum est constitué par les deux tiers des États membres de l'Organisation.

Toute décision prise dans les conditions de quorum et de majorité requise s'impose à tous les États membres.

II. CONSEIL DES MINISTRES

ARTICLE 10. – Le Conseil des ministres est composé des ministres des Affaires étrangères des Etats membres, ou à défaut, de tous autres Ministres désignés par les Gouvernements des États membres.

Il se réunit une fois par an en session ordinaire.

Celle-ci se tient quelques jours avant la session annuelle ordinaire de la Conférence des Chefs d'État et de Gouvernement, et au même endroit.

ARTICLE 11. – À la demande d'un État membre, et sous réserve de l'accord formel des deux tiers des membres de l'Organisation, le Conseil se réunit en session extraordinaire.

L'Ordre du jour d'une session extraordinaire du Conseil ne comporte que les questions pour lesquelles le Conseil a été convoqué.

ARTICLE 12. – Le Conseil des Ministres est responsable devant la Conférence des Chefs d'État et de Gouvernement.

Il est chargé de la préparation de cette conférence, connait de toute question qu'elle lui renvoie et veille à l'exécution de ses décisions.

Il met en œuvre la coopération entre les États membres selon les directives de la conférence des Chefs d'État et de Gouvernement, conformément à la présente Charte.

ARTICLE 13. – Chaque État membre dispose d'une voix.

Tout État membre peut se faire représenter par un autre État membre avec droit de vote pour ce dernier en lieu et place du mandant.

Un État membre ne peut représenter qu'un seul autre État membre.

Le quorum est constitué par les deux tiers des États membres.

ARTICLE 14. – Le Conseil établit et adopte son règlement intérieur.

III. LE SECRETARIAT GENERAL ADMINISTRATIF

ARTICLE 15. – L'Organisation Commune Africaine et Malgache est dotée d'un Secrétariat Général Administratif dont le siège est à Yaoundé, République Fédérale du Cameroun.

Le Secrétaire Général Administratif est nommé pour deux ans par la Conférence des Chefs d'État et de Gouvernement sur proposition du Conseil des Ministres. Son mandat est renouvelable.

ARTICLE 16. – Le Secrétaire Général administratif assure, sous l'autorité du Président en exercice de la Conférence, le fonctionnement administratif des organes de l'Organisation.

Le règlement intérieur de la Conférence des Chefs d'État fixe les conditions dans lesquelles la suppléance du Secrétaire général administratif est assurée en cas d'empêchement ou de vacance.

ARTICLE 17. – Le Secrétariat Général Administratif est subdivisé en départements correspondant aux principaux domaines d'activités de l'Organisation.

Il suit l'activité des entreprises communes et, notamment, de la Société Aérienne Multinationale Air Afrique ainsi que de l'Union Africaine et Malgache des Postes et Télécommunications.

ARTICLE 18. – La Conférence peut, dans les mêmes formes que pour sa nomination, mettre fin aux fonctions du Secrétaire général administratif quand le bon fonctionnement de l'Organisation le justifie.

ARTICLE 19. – Les conditions d'emploi du personnel du Secrétariat général Administratif seront fixées par une Convention à intervenir entre les États membres de l'Organisation.

BUDGET :

ARTICLE 20. – Le budget de l'Organisation, préparé par le Secrétaire général administratif, est approuvé par la Conférence des Chefs d'État et de Gouvernement sur proposition du Conseil des Ministres.

Il est alimenté par les contributions des États membres, déterminées en fonction du montant net de leur budget de fonctionnement respectif.

Toutefois la contribution d'un État membre ne pourra excéder 20 % du budget ordinaire annuel de l'Organisation.

Les États membres s'engagent à payer régulièrement leurs contributions respectives aux échéances prévues.

SIGNATURE ET RATIFICATION :

ARTICLE 21. – La présente Charte sera ratifiée ou approuvée par les États signataires conformément à leur procédure constitutionnelle.

L'instrument original sera déposé auprès du Gouvernement de la République fédérale du Cameroun qui transmettra des copies certifiées conformes de ce document à tous les États signataires

Les instruments de ratification ou d'approbation seront déposés auprès du Gouvernement de la République fédérale du Cameroun, qui en notifiera le dépôt à tous les États signataires.

ENTRÉE EN VIGUEUR :

ARTICLE 22. – La présente Charte entrera en vigueur dès réception par le Gouvernement de la République fédérale du Cameroun des instruments de ratification ou d'approbation des deux tiers des États signataires.

ENREGISTREMENT :

ARTICLE 23. – La présente Charte, dûment ratifiée, sera enregistrée au Secrétariat Général des Nations Unies par les soins du Gouvernement de la République fédérale du Cameroun, conformément à l'article 102 de la Charte des Nations Unies.

INTERPRÉTATION :

ARTICLE 24. – Toute décision relative à l'interprétation de la présente Charte devra être acquise à la majorité des deux tiers des Etats-Membres de l'Organisation ?

DISPOSITIONS DIVERSES :

ARTICLE 25. – Le Secrétaire général administratif peut accepter, au nom de l'Organisation, tous dons, donations ou legs faits à l'Organisation, sous réserve de l'approbation du Conseil des Ministres. Ils seront pris en charge par le budget de l'Organisation.

ARTICLE 26. – Une convention entre les États membres fixera les privilèges et immunités à accorder au personnel du Secrétariat général administratif.

RENONCIATION A LA QUALITÉ DE MEMBRES :

ARTICLE 27. – Tout État qui désire se retirer de l'Organisation en informe par écrit le Secrétariat général administratif.

Notification en est faite par celui-ci aux États membres

Une année après ladite notification, la présente Charte cesse de s'appliquer à cet État qui, de ce fait, n'appartient plus à l'Organisation.

AMENDEMENT ET REVISION :

ARTICLE 28. – La présente Charte peut être amendée ou révisée si un État membre envoie à cet effet une demande écrite au Secrétariat général administratif.

La Conférence n'est saisie du projet d'amendement ou de révision que lorsque tous les États membres en ont été dûment avisés et après un délai d'un an à compter de la date du dépôt de l'amendement.

L'amendement ou la révision ne prend effet qu'après ratification ou approbation par les deux tiers des États membres de l'Organisation.

En foi de quoi, Nous, Chefs d'État et de Gouvernement africains et malgache, avons signé la présente Charte.

Fait à Tananarive le 27 juin 1966

GRAND CONSEIL DE L'AOF
DIFFÉRENTES LÉGISLATURES DE 1947 À 1952

COTE D'IVOIRE
DRUART Louis 1947 - 20 mai 1948
DELAFOSSE Jean 21 mai 1948
DIOP Amadou
HOUPHOUËT-BOIGNY Félix
JALINAUD Jean-Baptiste
SANOGO Sékou

DAHOMEY
AHOMEDEGBE Tometin Justin
APITHY Sourou Migan
BARTOLI Pierre
MAGA Coutoukou Hubert
NEGRE Gaston

GUINÉE FRANÇAISE
ALMAMY Barry Ibrahima Sory Dara
HASSID Simon
CAMARA Mamadou

HAUTE VOLTA
BANDOUGOU Laubert
DIAROUMEYE Aly
KIELLO Guede

KOUROUMA Namady	
NEIGNAN Michel	

MAURITANIE
BABANA Horma Ould
COMPAGNET Maurice
LIMAN Mohamed Elhadj
SARR Diawar
SIDY Baba Dey Ould

SÉNÉGAL
CAMARA Amadou
DELMAS Robert
GUEYE Lamine
MONVILLE Édouard
SENGHOR L. Sédar

OUEDRAOGO Bougouragua
YAMEOCO Maurice

NIGER
BA Oumar Elhadj
HAMA Boubou
COULIBALY Thiemoko
DJERMAKOY Aouta Moumouni Elhadj
MACAJI Djibo

SOUDAN français
CORDON Roger
DIOUF Sogui
NESLING Jean
KOREISSI Almamy
TRAORE Tidjani

DIFFÉRENTES LÉGISLATURES DE 1952 À 1957

COTE D'IVOIRE
DELAFOSSE Jean
DIOP Amadou
FERRAS Joseph
HOUPHOUËT-BOIGNY Félix
YACE Philippe

DAHOMEY
AHOMEDEGBE Tometin Justin
APITHY Sourou Migan
BERTHO Jacques
CHAUX Robert
MAGA Coutoukou Hubert

GUINÉE FRANÇAISE
ALMAMY Barry Ibrahima Sory Dara
BARO Mamadi
DELMAS Louis
MARTINEAU Jacques
TETAU Paul (1952-1953) CAMARA Djibuiba (1953-1959)
FARATI Touré

HAUTE VOLTA
BANDOUGO Laurent
KONE Begnon
MARCHE Georges
NONGUIERNMA Alexandre
OUEDRAOGO Gérard

MAURITANIE
AHMED Saloum Haïba
COMPAGNET Maurice
DIADIE Samba Dioum Amadou
NDIAYE Sidy El Moctar
SALL Mohamadou Clédor

NIGER
ACHAUME Joseph
ADAMOU Mayaki
DIALLO Boubacar
DJERMAKOYE Aidou Youssoufou
ZODI Ikhia

SÉNÉGAL
BOISSIER Palun Léon DELMAS Robert DIA Mamadou GUEYE Lamine SENGHOR Léopold Sédar

SOUDAN français
COZZANO Félicien (1925-1954) BIGNAT HENRI
KONATE Mamadou (1952-1956) KEITA Modibo
KOREISSI Almamy OUENOT Noel SISSOKO Fily Dabo

DIFFÉRENTES LÉGISLATURES DE 1957 À 1962

COTE D'IVOIRE
DELAFOSSE Jean
DIOP Amadou
FERRAS Joseph
HOUPHOUËT-BOIGNY Félix
YACE Philippe

DAHOMEY
AHOMEDEGBE Tometin Justin
APITHY Sourou Migan
BERTHO Jacques
CHAUX Robert
MAGA Coutoukou Hubert

GUINÉE FRANÇAISE
ALMAMY Barry Ibrahima Sory Dara
BARO Mamadi
DELMAS Louis
MARTINEAU Jacques
TETAU Paul (1952-1953) CAMARA Djibuiba (1953-1959)
FARATI Touré

HAUTE VOLTA
BANDOUGO Laurent
KONE Begnon
MARCHE Georges
NONGUIERNMA Alexandre
OUEDRAOGO Gérard

MAURITANIE	**NIGER**
AHMED Saloum Haïba	ACHAUME Joseph
COMPAGNET Maurice	ADAMOU Mayaki
DIADIE Samba Dioum Amadou	DIALLO Boubacar
NDIAYE Sidy El Moctar	DJERMAKOYE Aidou Youssoufou
SALL Mohamadou Clédor	ZODI Ikhia
SÉNÉGAL	**SOUDAN français**
BOISSIER Palun Léon	COZZANO Félicien (1925-1954) BIGNAT HENRI
DELMAS Robert	KONATE Mamadou (1952-1956) KEITA Modibo
DIA Mamadou	KOREISSI Almamy
GUEYE Lamine	OUENOT Noel
SENGHOR Léopol Sédar	SISSOKO Fily Dabo

LES CONFÉRENCES AU SOMMET DE L'OCAM

En 1968 à Niamey au Niger

Le Président Hamani DIORI, hôte de la conférence est désigné Président par ses pairs.

C'est à la fin de cette rencontre que les Chefs d'État ont accepté la démission du Secrétaire général Diakha DIENG. Le Président SENGHOR a proposé de le faire remplacer par un autre jeune cadre sénégalais. C'est vers moi que la volonté de Dieu guida son choix. C'est ce qui me vaut le bonheur et la chance de succéder à Diakha DIENG, pour poursuivre l'œuvre d'intégration de l'Institution à côté des Chefs d'État, ministres et experts

En 1969 à Kinshasa au Congo/Zaïre

La Cité de l'OUA à la Nsélé offre toutes les facilités pour le Sommet. Le Président DIORI est reconduit comme Président de la Conférence. C'est mon premier sommet. Mais j'ai eu à rencontrer tous les Chefs d'État avant cette date.

En 1970 à Yaoundé au Cameroun

La date choisie coïncidait avec le 10ème anniversaire de l'Indépendance de ce pays. Le Président a tenu à le célébrer en présence de ses collègues. L'Hôtel MontFébé Palace nouvellement construit accueille les Chefs d'État.

En 1971 à Ndjamena

Le Tchad est l'hôte du Sommet. Une cité de l'OCAM a vu le jour à cette occasion. Le Président Ngarta TOMBALBAYE succède au Président DIORI.

En 1972

Lomé accueille le Sommet. Un palais des Congrès est prêt pour cela. Le Président SENGHOR hérite de la présidence en exercice.

En 1973

C'est à Port-Louis, capitale de l'Ile Maurice que se tient le Sommet.

En 1974

Bangui la coquette est l'hôte du Sommet, mon dernier. Une cité de l'OCAM est étrennée.

- Habiyarimana devient le Président en exercice
- Mouchia me remplace au Secrétariat général

Le rituel des Sommets était devenu immuable. Ils étaient précédés de rencontres préliminaires d'experts, de ministres dans leurs secteurs de compétences. Les questions retenues pour le Sommet passaient devant le Conseil des Ministres qui mâchait le travail pour les Chefs d'État.

C'est le ministre qui a présidé ce conseil qui fait le rapport devant les Chefs d'État en présence du Secrétaire général, seul habilité à assister aux réunions de ceux-ci, même si le huis clos est décidé par le Président de la Conférence.

Pour une bonne préparation des rencontres du Conseil des Ministres et du Sommet des Chefs d'État, au Secrétariat général, on avait institué une sorte de répétition qui pouvait durer un ou deux jours. Chaque Chef de division devait faire une présentation suivie de questions et réponses pour tous les dossiers inscrits à l'ordre du jour.

Mon expérience à l'ONU m'a beaucoup servi pour piloter cet exercice.

ASSOCIATION ENTRE LES PAYS D'AFRIQUE DES CARAÏBES ET DU PACIFIQUE (ACP) ET L'UNION EUROPÉENNE

Dans le corps du livre, on a vu le rôle joué par le Président en exercice de l'OCAM, le Président Hamani DIORI, pour faire renouveler la Première Convention d'Association dite Convention de Yaoundé 1

Les pays africains et malgaches associés n'étaient que 17 en 1963, rejoints par la suite par l'ile Maurice pour arriver à 18, dont tous des pays membres de l'OCAM.

Les six (6) pays européens signataires du Traité de Rome étaient la partie européenne de l'Association.

Tout cela a évolué d'un côté comme de l'autre, ce qui a élargi et consolidé l'Association qui constitue un modèle réussi dans les relations entre Pays du Nord et ceux du Sud. Le Tableau suivant montre l'évolution de plus de 50 années de partenariat Europe-ACP :

Évolution schématisée de 50 années de partenariat Europe-ACP				
Année	Accord	Nombre de pays		Montant FED
		ACP	Europe	PTOM inclus (millions d'euros)
1957	Régime d'association	18	6	569,4
1963	Convention de Yaoundé I	18	6	730,4
1969	Convention de Yaoundé II	46	9	887,3
1975	Convention de Lomé I	58	9	3 305,3
1980	Convention de Lomé II	65	10	4 207
1985	Convention de Lomé III	68	12	7 882,6
1990	Convention de Lomé IV	70	15	11 853,0
1995	Convention de Lomé IV bis	77	15	13 151,10
2000	Accord de Cotonou			14 300

Après la signature en 2000 le 23 juin à Cotonou de l'Accord éponyme, d'autres pays ont rejoint les ACP qui sont au nombre de 79. En face, il y a 28 pays membres de l'Union européenne.

LIVRE ALBUM SUR LE CENTENAIRE (1913-2013) DE LA CRÉATION DE L'ÉCOLE NORMALE WILLIAM PONTY

LE LIVRE ALBUM SUR LE CENTENAIRE (1913-2013) DE LA CRÉATION DE L'ÉCOLE NORMALE WILLIAM PONTY PRODUIT SUR L'INITIATIVE DES ANCIENS ÉLÈVES DE CET ÉTABLISSEMENT CONTIENT UNE MINE D'INFORMATIONS PRÉCIEUSES QUI AIDENT A COMPRENDRE LE RÔLE JOUE PAR LES PONTINS DE RETOUR DANS LEUR PAYS.

À Saint Louis : (1903-1912)

Gorée (1913-1937)

Sébikhotane : (1938-1965)

Thiès : 1965-1983

Ce sont les villes qui ont eu à abriter cette École durant son existence.

Sont passés par cette École :

- des Instituteurs et des Inspecteurs de l'Enseignement ;
- des brillants professeurs ;
- d'éminents chercheurs universitaires ;
- des hommes de lettres de renom ;
- de grands médecins, des professeurs de médecine et des vétérinaires ;
- de grands cadres de l'Administration de la Justice, de la Communication et du secteur privé ;
- de grands ingénieurs ;

• des Chefs d'État, de Gouvernement et des ministres ;

• des personnalités qui se sont illustrées dans l'Art, le sport et le mouvement associatif ;

• d'autres dans le syndicalisme, le nationalisme et la contestation du système colonial ;

• d'autres enfin qui ont trouvé leur vocation dans l'émergence de l'intégration africaine et de la francophonie.

Mais Ponty n'était pas seule, il y avait aussi à l'époque d'autres établissements creusets de la nouvelle prise de conscience de la jeunesse africaine et d'où sont sortis d'éminents cadres qui ont fait leur chemin dans leur pays dans les domaines les plus variés :

• le Lycée Van Vollenhoven à Dakar ;

• le Lycée Faidherbe à Saint-Louis ;

• l'École normale des jeunes filles de Rufisque ;

• l'Institut des Hautes Études supérieures, devenu Université de Dakar en 1954 et après, Université Cheikh Anta DIOP

• L'ENAS (École Nationale d'Administration du Sénégal) a apporté une contribution précieuse et efficace à la formation des administrateurs civils, conseillers des Affaires étrangères. Devenue ENAM (École nationale d'Administration et de magistrature), elle a ajouté la formation des magistrats dans son obole.

À Saint Louis d'abord, Dakar Bango par la suite, c'est l'École des fils de chefs, devenue Prytanée militaire, qui a assuré la formation des militaires ayant dirigé les armées de nos pays après les indépendances. Mis à part ceux qui ont fréquenté les Grandes écoles militaires en France (Saint-Cyr, Polytechnique, Saint Maixent, etc.), au Maroc et aux États-Unis, peu nombreux du reste.

On peut citer sept (7) Chefs d'État qui sont sortis de Bango. Ils ont été à la tête de leurs pays au Mali, au Burkina, en RCA, au Bénin, en Guinée, au Niger et en Mauritanie.

ANCIENS ÉLÈVES DE W. PONTY : CHEFS D'ÉTAT, DE GOUVERNEMENT ET PRÉSIDENTS DE PARLEMENT

- Félix HOUPHOUËT-BOIGNY (Côte d'Ivoire)
- Hamani DIORI (Niger)
- Modibo KEITA (Mali)
- Mamadou DIA (Sénégal)
- Hubert MAGA (Dahomey-Bénin)
- Emile Derlin ZINSOU (Dahomey-Bénin)
- Justin AHOMADEGBE (Dahomey-Bénin)
- Abel GOUMBA (RCA)
- Abdoulaye WADE (Sénégal)
- Ahmed OULD BOUCEIF (Mauritanie)
- Mohamed OULD ABDALLAH (Mauritanie)
- Lansana BEAVOGUI (Guinée)
- Saifoulaye DIALLO (Guinée)

ANCIENS ÉLÈVES DE FAIDHERBE

Trois Présidents de l'Assemblée nationale : André GUILLABERT, Cheikh CISSOKO, Moustapha NIASSE.

Trois Présidents de la Cour Suprême

Trois Recteurs d'Université

Un Président de la République : Abdou DIOUF

Des Ministres

Des Ambassadeurs

Des ingénieurs de Grandes Écoles

Des Fonctionnaires internationaux

Des Doyens de Facultés

Des Généraux dont des Chefs d'État-major

Yssoufou DJERMAKOYE (Vice-président du Niger et Secrétaire général adjoint de l'ONU)

Youssou NDIAYE (Président Conseil constitutionnel)

ANCIENS ÉLÈVES DE VAN VOLLENHOVEN

Quelques grandes figures :

Léopold Sédar SENGHOR (Président de la République)

Cheikh Anta DIOP (Chercheur—Savant)

Abdoulaye DIAW Chimère (DG/impôts)

Abdoulaye LY (IFAN)

Doudou THIAM (ministre des Affaires étrangères)

Babacar SEYE (Avocat – Bâtonnier de l'Ordre)

Dr Yoro SY (Dr en médecine)

Gabriel, Henri et Blaise SENGHOR (tous trois neveux du Président SENGHOR)

Habib THIAM (Premier Ministre)

Daouda SOW (Président de l'Assemblée nationale)

Albert TEODJEVERE (Médiateur – Bénin)

Assane Bassirou DIOUF (Président de la Cour Suprême)

Boubacar BA (Recteur – Niger)

Mansour SECK (Chef d'État-major général des Armées – CEMGA)

Lamine CISSE (Chef d'État-major général des Armées - CEMGA)

Abdoul MBAYE (Premier ministre)

Cheikh Hamidou KANE (Ecrivain, Ministre)

Daniel CABOU (Ministre)

Louis ALEXANDRENNE (DGA ONUDI)

Lamine DIACK (Président IAAF)

Ibrahima Baba KAKE (Agrégé d'Histoire)

Maurice GLELE (Professeur d'Université)

Papa Gallo THIAM (Ingénieur TP – Athlète)

Falilou KANE (Secrétaire général OCAM – Ministre)

Biram DIOP (Professeur de médecine)

Abdourahmane KANE (Agrégé de médecine)

Alioune SENE (Ministre, Ambassadeur)

Amadou SOW (Président de Chambre de Commerce de Dakar)

Garang COULIBALY (Inspecteur des sports)

Djibo Leyti KA (Ministre)

Landing et Angélique SAVANE (Lui Ministre et elle économiste)

Magatte THIAM (Agrégé de Maths)

Sakhir THIAM (Agrégé de Maths)

Malick SY « souris » (Ministre)

Aminata Sow FALL (Professeur écrivain)

Souleymane Bachir DIAGNE (Professeur d'Universités)

Awa Marie Coll SECK (Ministre)

Penda MBOW (Professeur d'Université)

Lamine GUEYE (Professeur de Médecine)

Aminata TOURE (Premier Ministre-économiste)

Rose Dieng KUNTZ (Ingénieur Télécom.)

Cheikh Tidiane MBAYE (DG SONATEL)

ANCIENNES ÉLÈVES DE RUFISQUE

Jeanne Martin CISSE (Guinée)

Caroline Faye DIOP (Ministre - Sénégal)

Sira DIOP (Mali)

Annette Mbaye D'ERNEVILLE (Journaliste - Sénégal)

Sarah KALLALOBE (Cameroun)

Mariam BA (Sénégal)

Fambaye FALL (Ministre)

Rokhaya Fall SOURANG (Sénégal)

Marie NGOM (Sénégal)

Henriette Rose Dagri DIABATE (Ministre - Côte d'Ivoire – Chancelière des ordres nationaux)

Tamaro TOURE (Mali)

Marie Sarr MBODJ (Ministre)

Aminata TALL (Présidente du Conseil économique, social et environnemental - CESE)

Khoudia MBAYE (Ministre)

LOI N° 46-940 DU 7 MAI 1946, TENDANT À PROCLAMER CITOYENS TOUS LES RESSORTISSANTS DES TERRITOIRES D'OUTRE-MER.

Après le Débarquement, le Gouvernement provisoire, créé à Alger le 3 juin 1944, s'est installé à Paris et a progressivement réalisé le programme de rétablissement de la légalité républicaine qu'il s'était fixé. Mais il s'agit aussi de tenir les engagements du discours de Brazzaville et ceux de l'article 4 de l'ordonnance du 7 mars 1944 qui avait promis la nationalité française aux musulmans d'Algérie.

L'Assemblée constituante approuve ainsi, le 25 avril 1946, un projet de loi, à l'initiative de Lamine GUEYE, député du Sénégal, octroyant la pleine citoyenneté à tous les ressortissants de l'empire colonial. La Constitution de la IVe République inscrit en son article 80 la substance de cette loi, que l'on a comparée à l'édit de Caracalla ; mais l'Empire romain n'élisait pas un Parlement au suffrage universel ! L'attribution des droits politiques à tous les sujets de l'Empire devait donner à leurs représentants la majorité à l'Assemblée nationale. La IVe République répondit à ce défi en instituant l'inégalité du suffrage : les « autochtones », ayant conservé leur statut personnel, n'avaient pas un nombre de représentants correspondant à leur poids démographique. Par exemple, selon la loi du 5 octobre 1946, la Métropole envoie 544 députés à l'Assemblée nationale, l'Algérie 30, également partagés entre citoyens de statut civil français et citoyens de statut local, et le reste des colonies 34 députés seulement. Autre exemple, le statut de l'Algérie, établi par la loi du 20 septembre 1947, institue une Assemblée territoriale de 120 membres, dont 60 sont élus par les Français de statut civil français et par certains citoyens de statut local distingués par leurs titres ou leurs mérites, et 60 sont élus par les autres citoyens de statut local, la grand majorité. La Ve République répondit à ce défi par l'institution de la Communauté et rapidement par la décolonisation.

Article unique.

À partir du 1er juin 1946, tous les ressortissants des territoires d'outre-mer (Algérie comprise) ont la qualité de citoyen, au même titre que les nationaux français de la métropole et des territoires d'outre-mer. Des lois particulières établiront les conditions dans lesquelles ils exerceront leurs droits de citoyens.

La présente loi, délibérée et adoptée par l'Assemblée nationale constituante, sera exécutée comme loi de l'État.

Fait à Paris le 7 mai 1946
Félix GOUIN

LOI N° 46-940 DU 7 MAI 1946 TENDANT À PROCLAMER CITOYENS TOUS LES RESSORTISSANTS DES TERRITOIRES D'OUTRE-MER

Exposé des motifs

Le projet de constitution adopté par l'Assemblée nationale reconnaît la qualité de citoyen à « tous les nationaux et ressortissants de la métropole et des territoires d'outre-mer ».

L'approbation de la Constitution, par la voie du référendum et la mise en application donnerait à cette disposition une valeur non seulement législative, mais constitutionnelle. Mais il convient, en tout état de cause et sans attendre les résultats du référendum qui donnera force à la Constitution, que les ressortissants de tous les territoires d'outre-mer soient proclamés citoyens par la voie législative ordinaire. Cette proclamation sera la conclusion nominale de tous ces débats qui ont eu lieu sur le problème de la France d'outre-mer à l'Assemblée nationale constituante et des déclarations faites par tous les partis. Après ces débats et ces déclarations, il n'est pas possible d'envisager que l'ancien ordre soit maintenu.

Sans attendre que le peuple français se soit prononcé sur la valeur de la nouvelle Constitution, il convient donc par voie législative de reconnaître à tous les nationaux et ressortissants français, la qualité de citoyens. Ainsi seront abolies toutes les barrières qui subsistent encore entre des hommes que nous voulons proclamer égaux...

Article unique.

L'Assemblée nationale constituante a adopté,

Le Président du Gouvernement provisoire de la République promulgue la loi dont la teneur suit :

Article unique. - À partir du 1er juin 1946, tous les ressortissants des territoires d'outre-mer (Algérie comprise) ont la qualité de citoyen, au même titre que les nationaux français de la métropole et des territoires d'outre-mer. Des lois particulières établiront les conditions dans lesquelles ils exerceront leurs droits de citoyens.

La présente loi, délibérée et adoptée par l'Assemblée nationale constituante, sera exécutée comme loi de l'État.

Fait à Paris, le 7 mai 1946.

FELIX GOUIN.

Par le Président du Gouvernement provisoire de la République :

Le Ministre de l'Intérieur,

ANDRE LE TROQUER.

Le ministre de la France d'outre-mer,

MARIUS MOUTET.

LOI N° 56-619 DU 23 JUIN 1956

Autorisant le Gouvernement à mettre en œuvre les réformes et à prendre les mesures propres à assurer l'évolution des territoires relevant du ministère de la France d'outre-mer (I)

Après avis de l'Assemblée de l'Union française,

L'Assemblée nationale et le Conseil de la République ont délibéré,

L'Assemblée nationale a adopté,

Le Président de la République promulgue la loi dont la teneur suit :

Titre 1er

Dispositions relatives aux réformes des institutions, des structures administratives, de l'organisation économique et sociale.

Art. 1er. — Sans préjuger la réforme attendue du titre VIII de la Constitution, afin d'associer plus étroitement les populations d'outre-mer à la gestion de leurs intérêts propres, des mesures de décentralisation et de déconcentration administratives interviendront dans le cadre des territoires, groupe de territoires et des services centraux relevant du ministère de la France d'outre-mer.

À cet effet, des décrets pris dans les formes prévues par l'article 6 de la loi n° 48-1208 du 17 août 1948 sur le rapport du ministre de la France d'outre-mer et, éventuellement, des ministres intéressés, pourront :

1. Modifier le rôle et les pouvoirs d'administration et de gestion des gouvernements généraux en vue de

les transformer en organismes de coordination ainsi que modifier la composition et les attributions des grands conseils et de l'assemblée représentative de Madagascar ;

2. Instituer dans tous les territoires des conseils de gouvernement et, en sus, à Madagascar, des conseils provinciaux chargés notamment de l'administration des services territoriaux ;

3. Doter d'un pouvoir délibérant élargi, notamment pour l'organisation et la gestion des services territoriaux, les assemblées de territoires, l'assemblée représentative et les assemblées provinciales de Madagascar ; pour l'exercice de leurs attributions qui seront définies dans les décrets à intervenir et lorsque les décrets pris en vertu du présent article les y autoriseront, les assemblées pourront abroger ou modifier tout texte réglementaire régissant les matières entrant dans lesdites attributions ;

4. Déterminer les conditions d'institution et de fonctionnement, ainsi que les attributions des conseils de circonscriptions administratives et de collectivités rurales et les modalités d'octroi de la personnalité morale à ces circonscriptions, sans que cela puisse faire obstacle à la création de nouvelles municipalités.

Les décrets pris en vertu du présent article pourront modifier, abroger, reprendre sous forme de règlements les dispositions législatives existantes.

Ils seront simultanément déposés sur le bureau de l'Assemblée nationale et soumis à l'Assemblée de l'Union française qui aura quinze jours pour émettre son avis.

L'Assemblée nationale devra se prononcer sur leur adoption, leur rejet ou leur modification dans un délai de deux mois et en faire la transmission au Conseil de la République. Celui-ci disposera alors d'un délai de trente jours pour se prononcer.

L'examen des décrets devra être achevé par le Parlement dans un délai de quatre mois à compter de leur dépôt sur le bureau de l'Assemblée nationale.

L'absence de décision de l'une ou l'autre assemblée vaudra adoption ou reprise du texte gouvernemental.

À l'expiration de ce délai, les décrets entreront en vigueur s'ils n'ont pas été modifiés ou rejetés par le Parlement ou tels que le Parlement les aura adoptés.

Art. 2. — les assemblées de groupes de territoires ou de territoires, les assemblées représentatives et, éventuellement, les assemblées provinciales de Madagascar pourront décider que les infractions à la réglementation résultant de leurs délibérations, si elles ne sont pas déjà sanctionnées de peines plus élevées prévues par la législation en vigueur, seront passibles d'une peine d'emprisonnement n'excédant pas trois mois et d'une peine d'amende de 200.000 F métropolitains au maximum ou de l'une de ces deux peines seulement, suivant une échelle fixée, pour chaque catégorie d'infractions, par le chef de groupe de territoires, le chef de territoire ou le chef de province, sur proposition de l'assemblée.

Art. 3. — Le Gouvernement pourra, par décret pris en conseil des ministres sur le rapport du ministre de la France d'outre-mer et, éventuellement, des ministres intéressés et après avis du Conseil d'État, procéder à une réforme des services publics dans les territoires d'outre-mer tendant à la définition, d'une part, des services d'État chargés de la gestion des intérêts de l'État et, d'autre part, des services territoriaux chargés de la gestion des intérêts des territoires, ainsi qu'à la répartition des attributions entre ces services. Cette réforme aura pour but :

D'une part, de faciliter l'accès des fonctionnaires d'origine locale à tous les échelons de la hiérarchie ;

D'autre part, d'instituer une règlementation autonome de la fonction publique outre-mer en ce qui concerne les services territoriaux.

À cette fin, il fixera les conditions de création de cadres territoriaux et de détermination de leurs statuts et de leurs modes de rémunération, notamment des soldes de base, tout en assurant aux fonctionnaires et aux agents sous statut des régies ferroviaires actuellement en service le maintien de leurs droits acquis notamment en ce qui concerne les rémunérations, les avantages sociaux, les régimes de pensions, le déroulement normal de la carrière.

En application des alinéas précédents, et sans qu'il puisse être porté atteinte aux dispositions qu'ils prévoient, le statut général des agents des services territoriaux est déterminé par arrêté du chef de territoire en conseil de Gouvernement, sur délibération de l'assemblée territoriale.

Les statuts particuliers des différents cadres d'agents de ces services, les modalités et taux de leur rémunération, le régime des congés et avantages sociaux sont déterminés par arrêté du chef de territoire en conseil de Gouvernement après avis de l'assemblée territoriale, sans qu'il puisse être porté atteinte aux droits des fonctionnaires qui viendraient à être intégrés.

Art. 4. — Le Gouvernement pourra, dans les formes prévues à l'article 3 ci-dessus et sans qu'il puisse être porté atteinte à la loi n° 46-860 du 30 avril 1946 et aux dispositions législatives qui s'y réfèrent, prendre toutes mesures tendant à élever le niveau de vie dans les territoires relevant du ministère de la France d'outre-mer, à y favoriser le développement économique et le progrès social et à faciliter la coopération économique et financière entre la métropole et ces territoires, notamment :

Par la généralisation et la normalisation de l'enseignement ;

Par l'organisation et le soutien des productions nécessaires à l'équilibre économique des territoires et aux besoins de la zone franc ;

Par la mise en place des formes modernes de développement rural et l'établissement d'un plan cadastral respectant les droits coutumiers des autochtones ;

Par l'organisation et la mise en œuvre de l'État civil ;

Par l'organisation de structures appropriées dans le domaine du crédit et de l'épargne ;

Par toute modification en matière de législation et de règlementation financières propre à favoriser les investissements privés outre-mer, sans qu'il soit porté atteinte aux prérogatives des assemblées territoriales ;

Par toutes mesures propres à assurer les réalisations sociales.

Le Gouvernement devra prendre toutes dispositions utiles en vue d'assurer de façon permanente et au niveau de la présidence du conseil la coordination des mesures économiques et financières intéressant l'ensemble métropole-outre-mer.

Art.5. — Les décrets prévus aux articles 3 et 4 pourront modifier ou abroger les dispositions législatives, à l'exception de celles concernant l'organisation et la protection du travail, ou étendre aux territoires tout ou partie des dispositions législatives en vigueur dans la métropole. Ces décrets entreront en vigueur dès leur publication au ***Journal officiel*** de la République française, mais ils ne deviendront définitifs qu'après l'accomplissement des formalités de procédure et de détails prévues à l'article 1er.

Art. 6. — Les décrets pris en application du titre 1er de la présente loi pourront prévoir, soit les peines édictées par les lois antérieures relatives aux mêmes matières sans que puissent être modifiés les qualifications des infractions relevées, la nature et le quantum des peines applicables, soit les peines prévues par l'article 471, 15°, du Code pénal, soit une peine d'emprisonnement n'excédant pas trois mois et une amende de 200.000 F métropolitains au maximum ou l'une de ces deux peines seulement.

Art. 7. — les pouvoirs conférés au Gouvernement par les articles 1er, 2, 3, 4 et 5 de la présente loi prendront fin le 1er mars 1957.

Titre II

Dispositions relatives aux territoires sous tutelle du Togo et du Cameroun.

Art. 8. — Le Gouvernement est autorisé à définir par décret en conseil des ministres, après avis de l'assemblée territoriale et du Conseil d'État, un statut pour le Togo. Ce statut devra répondre aux objectifs définis par l'accord de tutelle ainsi qu'aux principes posés par le préambule de la Constitution française. Il précisera la répartition des compétences et des charges financières entre l'État et le territoire, les pouvoirs de l'assemblée locale, de l'exécutif local et des membres de ce dernier, ainsi que les droits et libertés garantis aux Togolais.

Un référendum qui sera effectué sur la base du suffrage universel et au scrutin secret, dont la date et les modalités seront fixées en temps opportun par décret en conseil des ministres après accord de l'assemblée territoriale, devra permettre aux populations de choisir entre le statut visé à l'alinéa précédent et le maintien du régime de tutelle prévu par l'accord du 13 décembre 1916.

Le statut entrera provisoirement en vigueur immédiatement après sa publication au ***Journal officiel*** du Togo. Sous réserve de l'intervention de l'acte international mettant fin au régime de tutelle, il deviendra définitif si les résultats de la consultation prévue à l'alinéa précédent lui sont favorables.

Tant que le statut gardera un caractère provisoire, une tutelle d'opportunité définie par des dispositions transitoires du statut s'exercera sur les pouvoirs des autorités locales.

Art. 9. — Compte tenu des accords de tutelle, le Gouvernement pourra, par décrets pris après avis de l'assemblée territoriale et de l'Assemblée de l'Union française, procéder pour le Cameroun à des réformes institutionnelles ainsi qu'à des créations de provinces, d'assemblées de provinces et de conseils provinciaux.

Ces décrets entreront en vigueur à l'expiration d'un délai de quatre mois à compter de leur présentation au Parlement.

Titre III

Dispositions relatives à l'institution du suffrage universel et du collège unique.

Art. 10. — Dans les territoires relevant du ministère de la France d'outre-mer, les élections à l'Assemblée nationale, aux assemblées territoriales, aux assemblées provinciales de Madagascar, aux conseils de circonscription et aux assemblées municipales ont lieu au suffrage universel des citoyens des deux sexes, quel que soit leur statut, âgés de vingt et un ans accomplis, régulièrement inscrits sur les listes électorales et n'étant dans aucun cas d'incapacité prévu par la loi.

Les peines entraînant la non-inscription sur les listes électorales sont celles fixées par les lois en vigueur dans la métropole.

Art. 11. — Les modes de scrutin aux élections visées à l'article 10 ne pourront être modifiés que par la loi, les élections aux conseils de circonscription et aux assemblées municipales organisées par l'article 53 de la loi n° 55-1480 du 18 novembre 1955 étant exceptées.

Art. 12. — L'élection des membres de l'Assemblée nationale, des membres du Conseil de la République, des membres des assemblées territoriales, des membres de l'assemblée représentative et des assemblées provinciales de Madagascar, des conseils de circonscription, ainsi que des membres des assemblées municipales des communes de plein exercice et de moyen exercice et des communes mixtes a lieu au collège unique.

Titre IV

Dispositions diverses et transitoires relatives à l'institution du suffrage universel et du collège unique.

Art. 13. — Dans le territoire de la Côte française des Somalis où le renouvellement du conseil représentatif n'est pas prévu en mars 1957 par la législation et la règlementation en vigueur, les élections à ce conseil auront lieu au plus tard le 1er mai 1957.

Art. 14. — À titre transitoire, jusqu'au prochain renouvellement de l'Assemblée nationale, des assemblées territoriales et des assemblées provinciales de Madagascar, ainsi que des assemblées municipales visées à l'article 12, lorsque les électeurs et électrices étaient groupés dans deux collèges, en cas de vacance d'un siège par décès ou démission ou pour toute autre cause, il est pourvu à la vacance au suffrage universel par le collège électoral auquel ce siège était attribué.

À titre transitoire, jusqu'au prochain renouvellement des assemblées territoriales et provinciales dans les territoires où les membres du Conseil de la République sont élus par un double collège électoral, en cas de vacance d'un siège par décès, démission o pour toute autre cause, il est pourvu à la vacance par le collège électoral auquel ce siège était attribué.

Art. 15. — Un règlement d'administration publique organisera, s'il est nécessaire, une révision extraordinaire des listes électorales, dont il aménagera les délais.

Art. 16. — Sont abrogées toutes les dispositions contraires aux titres III et IV de la présente loi, et notamment l'article 3, modifié, de la loi n° 51-586 du 23 mai 1951 relative à l'élection des députés à l'Assemblée nationale, dans les territoires relevant du ministère de la France d'outre-mer.

La présente loi sera exécutée comme loi de l'État.

Fait à Paris, le 23 juin 1956.

RENE COTY.

Par le Président de la République :

Le président du conseil des ministres,

GUY MOLLET.

Le ministre d'État, garde des Sceaux, chargé de la justice,

FRANÇOIS MITTERRAND.

Le ministre de la France d'outre-mer

GASTON DEFFERRE.

Le ministre délégué à la présidence du conseil,

FELIX HOUPHOUET-BOIGNY

Bibliographie

DIOP, Amadou, *Sénégal : repères et grandeur d'une diplomatie*, Dakar, Éditions Sentinelles, 2006.

GUEYE, Lamine, *Itinéraire africain*, Paris, Présence Africaine, 1966.

KANE, Falilou, *Vue d'Aigle sur la Diplomatie sénégalaise de 1960 à nos jours*, Dakar, NEAS, 2010.

Livre Album de l'École normale William Ponty, Centenaire de la création de l'École William Ponty (1913-2013).

LY, Mouhamed Abdallah, *Général Amadou Bélal Ly : Le dernier mot*, Dakar, Presses universitaires de Dakar, 2014.

SAGNA, Famara Ibrahima, *Constitution initiale du Corps des administrateurs civils du Sénégal indépendant (1958-1961)*, Dakar, imprimerie Saint-Paul, 2014.

THIAM, Doudou, *La politique étrangère des États africains : Ses fondements idéologiques, sa réalité présente, ses perspectives d'avenir,* Paris, Presses universitaires de France Vendôme, 1963.

TABLE DES MATIÈRES

L'HARMATTAN ITALIA
Via Degli Artisti 15; 10124 Torino
harmattan.italia@gmail.com

L'HARMATTAN HONGRIE
Könyvesbolt ; Kossuth L. u. 14-16
1053 Budapest

L'HARMATTAN KINSHASA
185, avenue Nyangwe
Commune de Lingwala
Kinshasa, R.D. Congo
(00243) 998697603 ou (00243) 999229662

L'HARMATTAN CONGO
67, av. E. P. Lumumba
Bât. – Congo Pharmacie (Bib. Nat.)
BP2874 Brazzaville
harmattan.congo@yahoo.fr

L'HARMATTAN GUINÉE
Almamya Rue KA 028, en face
du restaurant Le Cèdre
OKB agency BP 3470 Conakry
(00224) 657 20 85 08 / 664 28 91 96
harmattanguinee@yahoo.fr

L'HARMATTAN MALI
Rue 73, Porte 536, Niamakoro,
Cité Unicef, Bamako
Tél. 00 (223) 20205724 / +(223) 76378082
poudiougopaul@yahoo.fr
pp.harmattan@gmail.com

L'HARMATTAN CAMEROUN
BP 11486
Face à la SNI, immeuble Don Bosco
Yaoundé
(00237) 99 76 61 66
harmattancam@yahoo.fr

L'HARMATTAN CÔTE D'IVOIRE
Résidence Karl / cité des arts
Abidjan-Cocody 03 BP 1588 Abidjan 03
(00225) 05 77 87 31
etien_nda@yahoo.fr

L'HARMATTAN BURKINA
Penou Achille Some
Ouagadougou
(+226) 70 26 88 27

L'HARMATTAN SÉNÉGAL
10 VDN en face Mermoz, après le pont de Fann
BP 45034 Dakar Fann
33 825 98 58 / 33 860 9858
senharmattan@gmail.com / senlibraire@gmail.com
www.harmattansenegal.com

L'HARMATTAN BÉNIN
ISOR-BENIN
01 BP 359 COTONOU-RP
Quartier Gbèdjromèdé,
Rue Agbélenco, Lot 1247 I
Tél : 00 229 21 32 53 79
christian_dablaka123@yahoo.fr

Achevé d'imprimer par Corlet Numérique - 14110 Condé-sur-Noireau
N° d'Imprimeur : 136530 - Dépôt légal : mars 2017 - *Imprimé en France*

www.ingramcontent.com/pod-product-compliance
Lightning Source LLC
LaVergne TN
LVHW021228061026
849535LV00008B/2963
* 9 7 8 2 3 4 3 1 1 1 4 0 7 *